너의 힘을 믿어봐

자미아 윌슨 지음

앤드리아 피핀스 그림 박혜연 옮김

봄볕

차례

시작하며

너에게 힘이 있다고 느꼈던 때를 기억하니? 이 책의 그림을 그린 앤드리아 피핀스는 중학생 시절 반장으로 뽑혔을 때 그런 경험을 했대. 반 친구들의 관심사를 듣고 자신의 비전을 담은 캠페인과 단체 행사를 만들었을 때, 자기 아이디어와 목소리에 영향력이 있다는 것을 느꼈다고 해.

나도 진심을 얘기할 기회를 얻었을 때 나의 영향력을 느꼈어. 교회 모임에서 처음으로 내 시를 암송해 달라고 부탁받았던 일이 얼마나 큰 동기 부여가 됐는지 결코 잊지 못할 거야. 내 목소리가 사람들의 마음을 바꾸는 정의로운 확성기라는 것, 지금껏 그래 왔다는 것을 되새겨야 할 때 그 순간을 떠올려.

앤드리아와 나는 어린 여성이 스스로 힘을 얻고 사용하는 법을 배우는 것이 꿈을 이루는 데 도움이 된다는 사실을 직접 경험해 봐서 알아. 친구, 가족, 나를 따돌리거나 괴롭히는 아이와의 갈등을 해결하는 일부터 정치, 불평등, 질병, 고난을 다루는 일, 우리가 납득하기 어려운 오래된 규칙을 따라야 한다거나 아직 어리다는 이유로 투표에 참여할 수 없는 점까지, 세상을 헤쳐 나가는 모든 단계가 쉽지 않은 줄 잘 알고 있어.

우리는 지금부터 우리가 지닌 통찰과 능력에 대해 알고, 그것을 믿는다는 것이 어떤 뜻인지 탐색하려고 해. 네가 경험하는 이야기, 이미지, 활동, 자원, 행동 기제를 통해서 말이야. 《너의 힘을 믿어 봐》는 언제나 네 곁에 있어. 사려 깊은 조언과 네 것으로 활용할 수 있는 행동 지침도 함께하지. 이 책은 너의 목표로 다가가는 첫 걸음을 떼기 위한 초대야. 목표를 이루는 동안 격려가 필요할 수는 있지만, 너는 너로서 완전히 충분해. 이 책은 그 사실을 확인하고, 기념하고, 축하하기 위해 존재해. 너를 조건 없이 사랑하는 친구가 되어 줄게. 혹시 네가 외동딸이라면 상상의 자매가 되어 줄 수도 있어.

가끔 혼자라고 느낄 때도 있겠지만, 너는 혼자가 아니야. 이 책을 너의 생각과 감정이 갈 길을 찾아 주는 지피에스(GPS)라고 생각해 줘. 즐거울 때나, 어려울 때나, 아니면 그 중간일 때나, 《너의 힘을 믿어 봐》는 언제나 너의 뒤에 있을 거야. 넌 이미 필요한 걸 모두 갖고 있지만, 우리는 네가 충분하고 또 네가 삶의 비전을 실천하는 데 필요한 것을 갖추었다는 사실을 매일, 매주, 매달 확인시켜 줄게.

- 자미아 윌슨과 앤드리아 피핀스가

힘

너는 힘이 있어 강점을 이용하기

두려움을 떨쳐 버려

진실을 말해 '아니'라고 말하기 위해 '그래'라고 말하기

네 모습 그대로 자신이 온전한 존재임을 잊지 않기

평정심을 유지해 잘 맞는 곳에서 소속감 찾기

너는 네가 정해 삶의 규칙 적어 보기

너는 힘이 있어

네가 무엇을 잘하는지 확실하지 않다고 생각한 적이 있니? 아니면 네가 잘하는 일이 다른 사람들에게 주목받고 인정받을 만큼 중요하지는 않다고 느낀 적이 있니?

난 어릴 때 종종 그랬어. 친구들처럼 발레를 잘하지도 못했고, 상을 받을 만큼 수영을 잘하지도 못했거든. 신체 활동의 성취를 중요하게 여기는 학교에 다니고 있었는데도 말이야.

한창 클 무렵 나는 나만의 재능을 재산이라고 여기지 못했어. 선생님과 부모님은 수학 문제를 빨리 풀거나 테니스를 잘 치는 일에만 가치를 둬서 속상했지(그런 활동을 해야 할 때마다 천식 증상이 나타나고 불안했어. '좋은' 학생이 되려면 짜인 틀에 나를 맞춰야 했는데, 그러지 못해서 스스로에게 불만을 품었던 것 같아.

그래서 나의 재능을 인정하고 받아들이는 대신, 내가 모든 시도를 잘 해내는 완벽한 아이가 아니라는 것을 조용히 자책했어. 아빠나 선생님이, 나는 똑똑한 아이인데 수학이나 외국어처럼 내가 잘하지 못하는 활동에 잠재력을 발휘하지 않는다고 말할 때마다, 가슴이 답답해서 숨을 몰아쉬어야 했어. 나는 내가 숫자를 남들과 좀 다르게

이해한다는 사실을 잘 알고 있었고, 수학 문제를 빨리 풀지는 못해도 수학 시간에 다루는 언어에 대해서는 감각이 있으니 훗날 작가라는 꿈을 이룰 때 도움이 되리라고 생각했어.

내가 몇 년씩이나 품어 온 비밀을 이야기할게. 나는 늘 아무렇지도 않은 척 밝게 웃고 있었지만, 시각 장애 때문에 수학 공부를 도와줄 과외 선생님이 필요하다는 사실이 부끄러워서 숨기고 있었어.

남이 보기에 좋은 사람이 되기를 스스로 강요하는 대신, 좋아하는 편지지를 꺼내 어린 시절의 나에게 편지를 쓰자.

강점을 이용하기

미아에게

우리가 모두 똑같은 일을 잘한다면 세상은 참 지루할 거야. 완벽하지 않다는 이유로 스스로를 다그치지 마. 사람들이 어떤 일로 너에게 도움을 요청하고 너의 어떤 점을 칭찬하는지 귀 기울여 들어 봐. 네가 무엇을 함께할 때 고마워하는지, 네가 시간 가는 줄도 모를 정도로 푹 빠져드는 일이 무엇인지, 그 안에 너의 답이 있을 거야. 그걸 따라가.

좀 더 자란 내가,
너에게 사랑을 담아

추신: 읽기와 쓰기를 멈추지 마. 계속 책을 읽고 글을 써야 해. 너의 목표를 찾는 데 도움이 될 거야.

 너의 힘을 믿어 봐

나이 든 네 모습을 상상해 봐. 그리고 너에게 사랑을 담은 편지를 써 봐. 아주 어린 아이를 대하듯이 부드럽고 관대한 마음으로. 세상이 던져 대는 비판보다는 너의 마음속에서 우러나오는 용감한 속삭임에 집중해 봐. 너는 너만의 특별한 방식으로 세상에 영향을 끼칠 거야. 너의 타고난 능력과 열정을 알아차리고, 그것들과 계속 함께해야 해. 다른 사람들이 네가 가치 있게 여기는 것에 똑같은 가치를 두지 않는다 해도 말이야.

살면서 단 한 번도 불안이나 두려움을 경험해 보지 않은 사람들이 있다면 한번 만나 보고 싶어. 사실 거의 모든 사람이 무엇인가에 두려움을 느껴 봤을 거야.

한때 가족에게 '걱정투성이'라는 별명으로 불렸던 사람으로서, 나를 평가할 수 있는 이들에게 무대 공포증 같은 두려움을 고백하는 일은 참 어려워(일을 하면서 남들 앞에서 자주 이야기하는데도 말이야). 그렇지만 나는 내 두려움에 직면하면서 너에게 나와 함께하자고 말하고 있어. 너에게 어떤 고민이 있는지 알아보고, 고민의 뿌리를 이해하고, 더는 부끄러워하지 말자. 그러면 우리의 특별한 재능을 세상과 나눌 수 있을 거야.

우리 뇌에서 두려움을 담당하는 편도체는 어떤 것을 위협적으로 느낄 때 활발하게 반응한대. 그 사실을 알고 나니, 2센티미터 정도 되는 이 작은 부위가 나에게 진실을 말하고 있는지 아니면 작은 모래 더미를 산처럼 부풀리고 있는지 알아차리는 데 도움이 되었어.

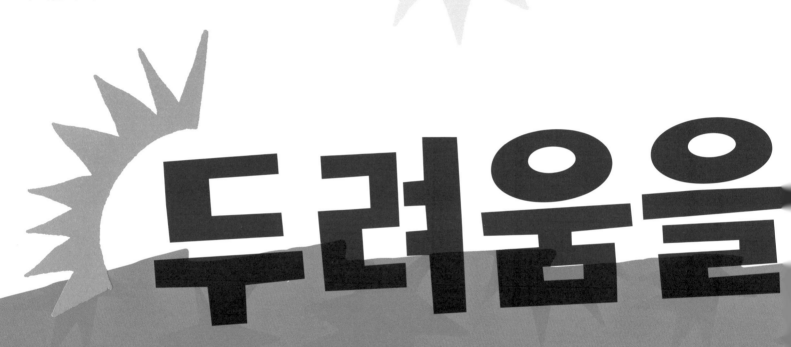

두려움을

 ## 너의 힘을 믿어 봐

너와 아주 친한 적,
두려움을 소개해 줘.

너의 두려움에 이름을 붙여 봐. 걔가 누구인지, 어디서 왔는지, 어디서 처음 만났는지, 어떻게 생겼는지, 어떤 냄새가 나고 어떤 소리를 내는지 적어 봐. 종이 한 장에 자세히 묘사해 봐. 너의 두려움이 수시로 모습이 바뀌어 잘 알아보기 힘든 어둠 속 존재라면, 어떤 모습으로 나타나는지 전부 정리해 봐. 다 썼다면 네가 두려움에서 배운 모든 것에 감사를 표현하고, 그 종이를 찢어 버리면서 두려움과 작별하는 의식을 치러야 해.

자, 지금 너는 무척 용기 있는 한 걸음을 내디뎠어. 이제는 다른 것을 해 볼 시간이야. 미국의 영부인이었던 엘리너 루스벨트는 이렇게 말했어.

'투쟁-도피 반응'은 배고픈 호랑이에게 쫓길 때 유용한 스트레스 대처 반응이야. 우리는 호랑이를 보면 놀라서 저절로 도망칠 거야. 그런데 동아리 발표회에서 공연을 할 때도 머리가 뱅뱅 돌고, 다리가 덜덜 떨리고, 손에 땀이 차고, 피할 수 없는 재앙에 맞닥뜨린 기분이 들거나, 그것을 너만 겪는 일처럼 느낄지도 몰라. 이런 신체 반응이 나타나면 발표회를 호랑이가 쫓아오는 상황과 아주 비슷하게 느낄 수도 있어.

용기 내서 무엇인가 하려고 할 때마다 나를 쫓아오는, 두려움이라는 호랑이를 처치하는 데 유용했던 방법을 알려 줄게.

떨쳐 버려

"당신이 멈춰 서서 두려움에 직면할 때마다 힘과 용기와 자신감을 얻을 것입니다."

이 말은 이렇게 바꿀 수도 있어. "당신을 두렵게 하는 일을 날마다 하나씩 해 보세요." 나는 이 말을 가슴에 새기고 달력의 동기 부여 칸에 적어 넣었어.

매일 아침 일어나면 '오늘의 용감한 행동'을 달력에 써. '고독이나 나만의 공간이 필요하다는 것을 인정하기'부터 '체육관 단체 수업에 가기'까지, 내용은 날마다 달라져(후자는 책벌레가 고등학교 때 단체 운동 경기에 의무적으로 참여해야 했던 공포를 상기시키지).

네가 오늘, 아니면 이번 주에 시도한 용감한 행동은 뭐니?

해 봐. 한번 해 보자고.

진실을 말해
'아니'라고 말하기 위해 '그래'라고 말하기

"그랬을 때 벌어질 수 있는 최악의 상황은 뭘까?"

'아니'라는 단순하지만 강력한 두 음절을 말하기 어려울 때 스스로에게 던지는 질문이야. 내가 선을 잘 긋는다면, 어떤 상황이 벌어지든 내가 나답지 못할 때 치러야 하는 대가만큼 끔찍하지는 않을 거야.

내가 '아니'라고 말하는 전쟁을 치른 첫 번째 기억은 크리스마스 저녁에 할머니가 손녀들에게만 설거지를 도우라고 했을 때였어. 남자아이들은 게임을 해도 된다고 허락받았지. 용감무쌍한 일곱 살이었던 나는 남자아이들도 똑같이 집안일을 할 수 있는데 시키지 않는 것에 화가 났어.

"아니요, 쟤네들이 안 하면 저도 하지 않을래요."

나는 이렇게 말했다가 이기적이라고 혼이 났어. 저녁 내내 남자 사촌들에게 냉대를 당하는 기분이었고, 무엇보다도 할머니를 실망시켰다는 느낌을 받았던 것을 잊을 수가 없어.

나는 부당한 상황에서 '아니'라고 말하는 법을 익혀 왔지만, 사람들은 자기들이 가르친 것을 항상 실천하지는 않는다는 사실도 알게 되었어.

그때부터 나는 남의 기분을 상하게 해서는 안 된다는 압박감을 느꼈어. 부모님, 선생님, 친구들의 요구를 들으면서, 텔레비전에서 소녀와 여성 들이 '아니요'라고 말할 때 일어나는 반발을 보면서 역시 내 생각이 맞다고 확신했어.

네가 우선하는 가치에 집중하기 위해 선을 긋는 것과, 도움을 주기 싫어서라든가 약속을 피하거나 책임을 돌리려고 일부러 '아니'라고 얘기하는 것 사이에는 큰 차이가 있어. 나는 '아니'라는 말이 내가 치사하게 행동하거나, 까다롭게 굴거나, 멋대로 힘을 휘두르겠다는 뜻이 아님을 깨닫기까지 몇 년이 걸렸어.

'아니'라는 말이 나의 꿈과 가치에 대해 '그래'라고 말하는 것과 같은 뜻임을 깨달은 뒤로, '아니'라는 말을 긍정적인 수단으로 받아들이게 되었어.

아니

이번 주에 '아니'가 들어간 문장을 한 번 이상 말해 봐. '아니'라는 말은 다양한 형태로 사용할 수 있고, 어떻게 쓸지는 너한테 달렸어.

여기에 너를 도와줄 지침이 있어.

다른 사람에게 인정받으려고 혼자 애쓸 때 '아니, 그러지 마'라고 말해.

다른 사람이 네가 어떤 사람인지 멋대로 판단할 때 '아니'라고 말해.

부정적인 혼잣말에 '아니야'라고 대답하고 넘어가 줘.

너의 좋지 않은 습관에 '안 돼'라고 말해.

나는 음식 알레르기가 있다는 사실을 알고 나서는, 예의 바르게 보이느라 억지로 먹었던 음식을 더는 먹지 않아.

두려움에 '아니'라고 말해. 그리고 통제권이 누구에게 있는지 일러 둬. 바로 너야.

의무라고 느끼는 것에 '아니'라고 말해 (그 일이 숙제나 약속이 아니라면). 의무감 대신 너의 마음을 따라.

_____에 '아니'라고 말해(빈칸에 너의 '아닌 것'을 넣어 봐).

다른 사람들의 기대로 인한 부담 때문에 답답할 수 있어. 그래서 이 지침도 행동에 옮기기 쉽지 않을지도 몰라. 우리는

우리 외의 모든 사람을 위해 애쓰면서, 모든 것을 하고, 모든 것이 되어야 한다는 압박 속에서 살고 있으니 말이야.

치마만다 아디치의 격언을 받아들이자.

"당신이 스스로를 싫어하기 때문에 당신을 싫어하는 사람들이 있습니다."

우리의 삶에서 선을 잘 긋는 것이 자기를 더 잘 보살피기 위한 중요한 걸음이라는 점을 인식해야 해. 이 교훈을 아직 깨닫지 못했다면 거부감이 들 수도 있겠지만, 그 불편을 감수할 만한 가치가 있어.

네 모습 그대로
자신이 온전한 존재임을 잊지 않기

"숙제해라."
"더 노력해야지."
"할 일은 다 했니?"
"2등 했다고?
다음엔 1등 하자."

익숙한 말이지? 나는 사람들에게 사랑받는 '착한 여자애'가 되려고 많은 시간을 썼어. 내가 다른 사람들을 위해 무엇을 할 수 있는지, 얼마나 열심히 애쓰는지에 내 가치가 달려 있다는 말을 곧이곧대로 들었지. 쓸모 있는 존재가 되는 것도 중요하지만, 사람은 뭘 해서가 아니라 존재 자체로 존엄성이 있다는 깨달음을 얻기까지 몇 년이 걸렸어.

우리가 어디를 향해 가고 있든, 얼마나 넘어지든, 우리는 이미 충분해. 우리 사회는 완벽하지 않으면 불량품처럼 여기기 때문에, 우리가 우리 자체로 온전하다는 사실을 쉽게 잊어버릴 수 있어. 내가 좋아하는 흑인 가수, 니나 시몬이 워싱턴 D.C.의 커다란 공연장에서 공연했을 때 이런 생각을 했지. 니나가 "당신이 정말 보잘것없다고 느

낄 때 상기해야 하는 엄청난 진실이 있어요. 당신은 젊고 유능한 흑인이고 당신의 영혼은 온전해요"라고 노래하자, 다양한 인종의 사람들이 일어나서 그 노래를 따라 불렀어. **"당신의 영혼은 온전해요. 그것이 사실이에요."** 니나는 우리에게 스스로를 온전한 존재로 봐도 된다고, 우리의 가치를 주장해도 된다고, 변화나 고난을 겪는 동안에도 다른 누군가가 아닌 우리 자신으로 존재해도 된다고 말해 주었어.

니나의 음악을 들으며 깨달았어.
우리는 자기 자신에게 진실해야 해.

우리 존재의 힘이 정말 놀라우면서도 참되다는 것을 인식하면 마음에 평화가 찾아들고, 내면을 알아차리는 데 도움이 돼. 그래서 나는 눈을 감고 조용히 앉아서 내 의문과 걱정에 숨을 불어넣어. 힘든 시기에는 그저 내가 존재하기만 해도 강하다는 것을 일깨우는 과정이지. 천천히 호흡하다 보면 우리의 가장 중요한 기능이 이미 작동하고 있고, 나머지 또한 언제든 준비될 수 있다는 사실을 깨달을 거야.

네가 좋아하는 조용한 장소를 골라서 편안한 자세로 앉아 봐. 가슴에 손을 얹고 눈을 감고 숨을 쉬어 봐. 그다음엔 미래의 네 모습을 그려 봐. 네가 자신감이 넘쳐서 누구의 의견에도 휘둘리지 않는 상황을 상상해 보는 거야. 너의 몸과 마음에 집중해 봐.

남들의 부정적인 의견이나 긍정적인 의견 없이도 너를, 너의 가치를 잘 알아볼 수 있니? 아니면 사람들의 칭찬이나 비판을 듣지 않고서는 네가 누구인지 생각하기가 어렵니? 사람들의 기대에서 벗어나는 기분은 어때? 네 방식대로 너의 온전한 자아를 상상할 때 어떤 감각이 휘몰아쳤다 사라지니?

이번에는 명상하는 동안 네가 상상한 모습을 그림으로 그려 봐.

평정심을 유지해
잘 맞는 곳에서 소속감 찾기

소속감을 느낀다는 것은 너에게 어떤 의미니? 내가 생각하는 소속감이란, 네가 타고난 권리와 목적을 뿌리 삼아 어디서나 단단히 설 수 있을 만큼 자아가 강한 상태를 뜻해. 우리는 저마다 자기 본연의 모습을 지킬 자격이 있어.

우리는 비교를 조장하는 문화에서 살고 있지만, 실은 모두가 인간이라는 공통점으로 연결되어 있어. 사회에서는 그와 반대되는 메시지를 우리에게 전할지도 모르고, 우리는 남들보다 잘살거나 못살 수도 있지만, 그렇다고 해서 다른 누구보다 더 가치 있는 사람은 세상에 아무도 없어.

낯설거나 다르다는 이유로 단체 활동에서 소외되거나, 공통점이

별로 없는 사람들과 같은 환경에 있을 때는 소속감을 느끼기가 쉽지 않아. 그래서 우리는 자기가 잘 지내고 있는지 직접 확인하고, 자기 힘을 이해하는 연습을 해야 해. 그러면 우리가 본연의 모습 그대로 편안함을 느끼지 못하는 상황이 닥치더라도, 스스로 북극성이 되어 진정한 내면으로 이끌어 줄 수 있을 거야.

사람은 자기가 어떤 사람인지, 친구나 가족처럼 오랜 시간을 함께하는 사람들과 어떤 점이 잘 맞는지 많이 생각해. 우리는 보통 가장 가까이 있는 사람들과 비슷한 생각을 나누지. 그로 인해 긍정적인 영향을 받기도 하지만, 때로는 사고방식이 더 편협해지기도 하고 새로운 것을 시도하거나 새로운 사람과 만나기를 불안해하게 돼.

우리는 어느 집단의 일부가 됨으로써 자기가 어떤 사람인지를 탐색하고 다른 사람들과 협력하는 방법을 배우지만, 너를 압박하거나 소외시키거나 너에게 비현실적인 기준을 요구하는 집단에서는 부정적인 영향을 받을 수 있어.

우리가 맺는 사회적 관계는 스스로를 인식하는 방식에 지대한 영향을 끼쳐. 그러니 어떤 습관이나 신념이 우리 자신의 것인지, 아니면 무엇에 맞춰 적응하며 생겼는지를 분명히 하는 것이 중요해.

내 본연의 모습을 확인하고 표현하는 데 도움이 필요할 때, 나는 내 친구이자 싱어 송 라이터, 몰리의 '하나뿐인 당신이 되세요'라는 노래를 생각해.

"괜찮아요. 당신의 장소를 찾아요. 당신의 방식으로 당신의 힘을 느껴 봐요. 길을 찾는 사람이 되세요. 문을 열고 머리를 높이 들고 뾰족한 곳에 서서 그곳을 둥글게 만드는 사람이 되세요."

몰리의 노래는 내가 속한 집단을 존중하고, 나에게 충실함으로써 내 진실을 존중해야 한다는 것을 늘 일깨워 줘. 나는 내가 가진 힘을 되새겨야 할 때면

그 노래를 흥얼거려. 소속감을 찾는 것이 우리가 변화를 일으키는 데 어떤 도움을 주는지에 대한 노래를 말이야.

너의 힘을 일깨우고 네가 중심을 잃지 않게 해 주는 말이나 그림이 있니?

너의 힘을 믿어 봐

아직 어떤 좌우명이나 너의 핵심 자아를 떠오르게 하는 이미지가 없다면, 시간을 들여서 탐색해 봐. 그런 글이나 그림을 네가 필요할 때 바로 찾을 수 있게 가까이에 둬 봐.

기운을 차려야 할 때나 새로운 사회적 환경에서 불안을 느낄 때, 나는 종종 마야 안젤루의 말을 새겨 넣은 작은 카드를 꺼내 보곤 해.

"너는 혼자서도 충분해. 너는 누구에게 그 무엇도 증명할 필요가 없어."

니나 시몬

펠레

마틴 루서 킹

프리다 칼로

너는 네가 정해
삶의 규칙 적어 보기

"규칙을 따라야 해."

이 말을 정말 수도 없이 들어 봤을 거야.

규칙은 학교나 집에서 우리가 안전하게 보호받고, 체계와 원칙을 지키고, 공동체 구성원과 함께 지낼 수 있게 하지. 규칙은 운동 경기, 게임, 수학, 학교 선거 그리고 그 사이사이의 모든 것에 참여하고 진행 상황을 파악하는 방법도 알려 줘.

규칙은 우리에게 이로울 수 있고, 필요하고 가치 있는 것을 가르쳐 주지만, 결점이 있거나 편향적이거나 왜곡되었거나 구시대적인 규칙들도 있어. 규칙은 현대 사회의 수요, 다양성, 현실과 더는 맞지 않는 습관이나 관행이 되기도 해.

전통적인 경계선을 무너뜨리는 것이 창의성을 북돋고, 상상력을 확장하고, 새로운 관점을 제공하거나 어떤 산업 내에서 새로운 기준을 세우는 데 영향을 미칠 수 있어. 브라질의 유명한 축구 선수 펠레의 '징가' 발놀림이나, 클래식 음악을 배운 피아니스트이자 재즈 가수이자 작곡가인 니나 시몬의 독창적인 스타일처럼 말이야.

목사이자 인권 운동가였던 마틴 루서 킹부터 멕시코의 초현실주의 화가 프리다 칼로까지, 시대를 앞서간 사람들과 역사적인 예술가들은 '규칙'을 따르지 않거나 선 밖으로 색칠하는 것이 세상을 바꾸는 데 도움이 될 때가 있음을 보여 줬어. 마틴 루서 킹과 프리다 칼로처럼 잘 알려진 사람들은 물론, 다른 많은 몽상가와 일상 속 영웅들도 믿음, 리더십, 용기를 보여 주고 있어. 어떻게 하면 규칙이 인간의 다양성을 반영하는 방향으로 개선될지, 더 새롭고 정의롭고 이상적인 삶의 방식을 위해 무엇을 할 수 있을지 고민할 때 이들을 떠올려 봐.

네 인생의 길잡이가 되는 규칙을 생각해 보고, 어떤 것이 너의 비전과 목표에 맞고 어떤 것이 그렇지 않은지 구분해 봐. 너의 진짜 모습이 빛을 발하기 위해 잊어버려야 할 오래된 규칙은 뭘까? 어떤 새로운 규칙이 필요할까?

나의 규칙

➡ 너의 힘을 믿어 봐

내 열여섯 번째 생일날, 우리 가족은 콜린 파월의 짧지만 강렬한 '리더십의 규칙'이 적힌 액자를 선물해 줬어(콜린 파월은 흑인 최초로 미국 국무장관이 된 아프리카계 미국인이야). 우리 가족은 콜린 파월과는 다른 정당을 지지하고 있었지만, 그의 지혜를 존경하고 가치 있게 여겼거든.

몇 년 뒤 파월과 만나서 그의 규칙이 얼마나 큰 가르침이 되었는지 얘기할 기회가 있었어. 특히 '할 수 있다'는 조언이 나에게는 좋은 교훈이 되었거든. 같이 사진을 찍는 동안 서둘러 감사를 전하면서, 나만의 삶의 규칙을 만드는 데 동기를 부여해 줘서 고맙다고 했어.

나는 그가 보여 준 예시를 바탕으로 나만의 규칙 목록을 만들었고, 성공이나 실패를 경험할 때마다 목록을 업데이트하고 있어. 그중 첫 번째 규칙은 이거야.

> **"네가 누구인지 스스로 정의할 것. 그렇지 않으면 다른 사람이 정할 테니까."**

너의 인생에는 어떤 규칙이 필요하니? 내 조언을 토대로 너만의 규칙을 만들어 봐. 꾸준히 지켜야 할 규칙, 단기간에 지킬 규칙, 장기간에 지킬 규칙으로 나누면 더 좋아.

1.
조용하거나 차분한 음악이 흐르는 곳에 앉아. 그다음엔 눈을 감고 가슴에 손을 얹고 네 영혼의 속삭임을 들어 봐. 묵상이나 명상이라고 불러도 되고, 다른 어떤 이름을 붙여도 좋아. 떠오르는 생각에 귀 기울이고, 판단하거나 평가하지 말고 그 자체를 소중히 여겨.

2.
지금 너의 소망과 목표를 방해하는 규칙을 적어 봐. 누가 만든 규칙인지는 상관없어. 그리고 스스로에게 물어봐. 이런 규칙이 어떻게 생겨났는지, 왜 그것이 습관이 되었는지, 네가 꿈꾸는 가능성을 이루어 나가게끔 규칙을 바꿀 수 있는지.

3.
너에게 맞지 않는 규칙이 어떻게 시작되었는지 적어 봐. 그것들이 네가 만든 너만의 규칙인지, 다른 사람들에게 물려받았지만 너의 미래 계획과는 맞지 않는 규칙인지 살펴봐.

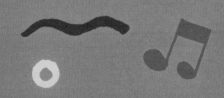

4.
이제 네가 할 수 있는 일을 생각해 봐. 너의 진심을 움직이는 것들을 더 강하게 붙들려면 무엇을 할 수 있을지 말이야. 예를 들어 운동선수 집안에서 태어났다면 너도 장차 운동선수가 되어야 한다는 부담을 느낄지 모르지만, 사실은 예술적 재능을 계발하는 데 집중하고 싶을 수 있어. 다른 사람들의 기대 때문에 따르던 규칙은 무엇이고, 너와 너의 가치, 열정과 관련 있는 규칙은 무엇인지 구별해 봐.

5.
너만의 규칙 목록을 적어 보고, 그것을 낙서처럼 원하는 대로 자유롭게 표현해 봐. 목표를 향해 작지만 신중한 걸음을 내디딜수록 큰 꿈을 꿀 수 있다는 것을 잊지 마.

6.
네 바깥의 규칙이 너의 통제권을 벗어나서 바꾸기 어렵다면, 네 힘으로 내릴 수 있는 선택이 무엇일지 생각해 봐. 그러면 너만의 나침반으로 인생을 헤쳐 나갈 때 보탬이 되는 목표를 세울 수 있을 거야.

7.
마지막으로 너만의 문장(紋章)을 만들어 봐. 너무 본격적이거나 멋있게 그려야 한다고 생각할 필요는 없어. 색, 모양, 가치, 자연물, 좌우명 따위를 네 방식대로 담아 봐. 네가 자아를 찾기 위해 벌이는 전쟁에서 남들을 따르라고 강요받을 때마다 이 문장을 네 영혼, 행동, 존재와 목소리로 휘두를 수 있는 방패라고 상상해 보는 거야. 내 문장에는 레게 머리를 하고 물고기 꼬리가 달린 암사자 두 마리와 보호를 상징하는 빗살 무늬가 있어.

이런 뜻을 담고 있어. 믿음, 지혜, 용기, 사랑.

연대

끌어 주며 올라가 함께 성장하기

멘토를 찾아 영웅에게 배우기

도움을 구해 필요한 순간에 적절한 도움 받기

너는 너답게 살면 돼 힘든 일, 못된 사람들,

친구인지 적인지 헷갈리는 사람들의

존재를 받아들이기

끌어 주며 올라가

함께 성장하기

친한 친구끼리 나무에 새겨 놓은 이름처럼 너의 마음에도 새겨진 이야기가 있니? 나는 열 살 때 읽은 《꽃들에게 희망을》이라는 그림책이 내 영혼의 책이 되었어. 애벌레 두 마리가 생의 큰 변화를 겪으며 협동을 통해 성장하는 이야기야. 학교 도서관에 삶의 의미를 탐색하는 책을 추천해 달라고 부탁한 적이 있는데, 그때 사서 선생님이 소개해 준 게 트리나 폴러스가 쓴 이 빛나는 책이지.

이 책은 줄무늬와 노랑이, 두 애벌레가 다른 애벌레들로 이루어진 끝없는 탑을 오르면서 자기 삶의 여정을 찾아 가는 이야기야. 그 길에서 줄무늬와 노랑이는 다른 애벌레들을 딛고 꼭대기로 올라가는 것이 나비로 변하기 위해 꼭 필요한 일이 아니라는 사실을 깨달아. 그리고 함께 힘을 들여 번데기를 만들어서 나비로 탈바꿈하지.

나는 여자아이들에게 협력보다 경쟁을 권하는 사회적인 압력을 느낄 때 이 책을 자주 떠올렸어. 몇 년 뒤에 학교에서 제일 인기 있는 남자애들이 나를 찾아왔을 때도 이 책이 생각났지. 나더러 우리와 어울리지 않는 애들하고 계속 놀면 모두가 부러워하는 '테이블'에서 쫓겨나 다시는 거기에 앉지 못할 거라고 얘기했거든.

나는 그에게 동조하는 대신, 그 애가 끼워 주기 싫어했던 여자아이 몇 명을 초대했어. 그 남자애가 나를 험상궂게 쳐다보며 경고한다고 빈정대기에 이렇게 말했어. 너는 그 '테이블'을 지키고 있으라고, 나는 내 새로운 친구들을 데리고 내가 구워 온 컵케이크를 다른 벤치로 가져가겠다고. 내가 걸어 나갈 때 어느 여자애가 물었어. 그 '테이블'에 내 자리가 없어져도 정말 괜찮겠냐고.

바로 그때 내가 변신하고 있다는 것을 깨달았지. 나는 사랑하는 애벌레들에게서 얻은 배움 덕에, 떨어뜨리고 올라가기를 반복하는 대신 함께 날기를 선택했어.

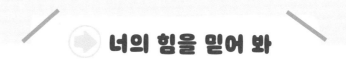

너의 힘을 믿어 봐

나는 《큰 우정》이라는 책을 쓴 작가이자 둘이 친구 사이기도 한 앤 프리드먼과 아미나투 소우를 알게 되어 자랑스러워. 이 책은 내 친구들을 지지하는 다양한 방법을 가르쳐 주었어.

그들은 '빛내기 이론'이라는 것을 생각해 냈는데, 바로 이런 뜻이야.

"네가 빛나지 않으면 나도 빛나지 않아."

여자아이들끼리 경쟁하고 깎아내리고 상대를 짓밟게 하는 사회에서, '빛내기 이론'은 서로를 지지하고 도움으로써 우리의 세계를 넓힐 수 있다고 말해 줘. 나는 이 이론을 '내가 이기면 너도 이긴다'라는 뜻으로 이해했어. 그 반대도 마찬가지겠지. 우리는 모두 꼭대기로 올라갈 수 있고 함께할 때 더 강해질 거야.

친구에게 연락해서 그 아이가 품어 온 꿈을 이루려면 어떻게 도울 수 있을지 물어봐. 이번 주에는 그 애가 어떻게 밝게 빛나는지, 네가 발견한 것을 날마다 하나씩 얘기해 줘. 호감이 있지만 부끄러워서 다가가지 못한 사람이 있다면, 이번 주에는 칭찬이나 상냥한 쪽지를 전하거나 만나자고 권해 봐.

멘토를 찾아
영웅에게 배우기

삼 년 전, 나의 배우자 트래비스는 자동차로 뉴욕을 가로지르던 도중, 언젠가 유명한 재즈 음악가와 나누었던 흥미로운 대화가 갑자기 생각났다고 해.

"학교에서 악보를 읽는 방법, 악기를 연주하는 방법을 배울 수는 있지만, 창의적인 집단과 만나고 다른 사람의 자작곡 연주를 실제로 듣는 것만큼 강렬한 경험은 없죠."

이 말을 듣고 나는 내 아이디어와 목소리를 찾게 해 준 사람들을 떠올렸어. 기이한 생각, 때때로 자신을 의심하는 생각, 두서없는 표현까지 모두 그들 덕에 찾아낼 수 있었어.

나는 살면서 세 여성에게 가르침을 받았어. 로린 힐, 니나 시몬, 에리카 바두. 나는 자기 일에 어떻게 다가가서 그것을 구현하는지를 그 세 사람에게 배웠어.

너의 롤 모델에게서 삶의 교훈을 배운다는 것은 그들의 성향 일부를 너에게 적용해 보는 것과 같아. 용감해지거나, 너의 생각을 당당하게 말하거나, 단체 활동을 이끌거나, 규범에서 벗어난 일을 해 보는 것처럼.

일단 너에게 영감을 주는 유형을 확실히 알았다면, 어떤 성향이 너와 잘 맞는지 살펴봐. 단순히 누구를 따라 하거나 너를 다른 사람과 비교하는 것은 아니야. 네가 지닌 능력이나 힘을 다른 사람이라면 어떻게 드러내 보일지 알아보자는 거지.

로린 힐이나 에리카 바두의 노래에는 내가 여태 했던 시도나 걱정과 맞닿는 부분이 많아. 때로는 생각이 막히거나 지쳐서 내 안에서 답을 찾을 수 없을 때, 이 여성들이라면 어떻게 반응할지 상상해 보곤 해. 에리카는 심호흡을 하고, 무거운 짐을 덜어 내고, 스스로를 잘 붙잡으라고 말할 거야. 로린은 존중이 기본이라고 말해 주겠지. 나는 내가 하는 일이 곧 나라는 사람을 말해 준다는 사실을 그들에게서 배웠어.

그들의 영혼 가득한 용기와 조건 없이 자기를 사랑하는 마음은 감동적이었어. 어떤 문화에서는 흑인 여성의 힘과 가치를 알아보지 못하거든. 이 여성들은 각자 자신의 가치에 충실하면서 주류에서 성공을 거뒀어.

그들은 자신 또한 갈등과 고통을 겪었음을 숨기지 않았고, 그런 불완전함이 오히려 인상적이었지. 그들은 세상의 미적 기준에 맞지 않거나 삶이 어려운 상황에서도 강하고, 현명하고, 아름다워 보였어. 놀라운 경험이었지.

나는 내게 도움이 되지 않는 방식으로 돌아가거나, 다른 사람들을 편하게 하려고 스스로 움츠러드는 태도를 반성했어. 내가 대담해야 한다고 마음속 깊은 곳에서 소리치면서 말이야.

나는 이제 넘어지고, 부서지고,
다시 일어나는 모든 순간이
내 이야기의 일부라는 것을 알아.

흠, 누가 나에게 영감을 줄까?

인디라 간디
마리 퀴리
마야 안젤루
어밀리아 에어하트
프리다 칼로
에이다 러브레이스

너의 힘을 믿어 봐

네 인생의 뮤즈를 생각해 봐. 예술계의 리더일 수도 있고, 스포츠, 정치, 역사, 과학, 여행, 연예, 음식, 환경, 문학 분야를 이끄는 사람일 수도 있겠지. 이 전문가들에게 무엇을 배우고 싶은지 생각해 봐. 만난 적이 없더라도 말이야. 그들의 글, 생각, 노래, 시, 공연은 그들을 반영하고 너에게 영감을 줄 거야. 그들이 존재하고 표현하고 세상에서 움직이는 방식도 잘 생각해 봐. 그것을 통해 너 자신을 포용하는 법을, 너의 단점도 받아들이고 특별하고 귀하게 여기는 법을 배울 수 있어.

이렇게 하면 너도 언젠가는 다른 이에게 영감을 주는 사람이 될 거야.

도와주세요

도움을 구해

필요한 순간에 적절한 도움 받기

"괜찮으면 나 좀 도와줄래? 나 지금 우울해. 네가 곁에 있어 주면 정말 고마울 거야. 내가 다시 기운 내서 일어설 수 있게 도와주겠니?"

— 비틀즈

도움을 요청한다고 하면 뭐가 떠오르니? 초등학교 때 내 친구 세라는 비틀스에게 영감을 받은 댄스파티를 아파트에서 매주 열었어. 우리는 어김없이 세라의 방을 뛰어다니며 목청껏 노래를 불렀지.

지금도 우리가 불렀던 노래 가사가 전부 기억나. 그중에서 무기력할 때, 지쳤을 때, 상처받았을 때 생각나는 노래가 하나 있어. '도와줘!'라는 노래야. 조화롭고 공감이 가는 가사를 듣다 보면 힘을 얻고 내 존재가 받아들여지는 느낌이 들어서, 나한테는 그 노래가 찬송가나 다름없어졌어. 그 노래는 다른 사람과 도움을 주고받는 것이 삶의 평범하고 건강한 일부라는 사실을 알려 줬어.

도움을 구하는 것이 나약한 행동이라고 말하는 사람도 있을 거야. 가족이나 학교 선생님 중에도 그런 얘기를 강하게 하는 사람들이 있어. 그렇지만 비틀스의 그 햇살 같은 노래는 우리 모두 도움이 필요하고, 사람들이 만족이나 자신감, 안정감을 느끼려면 당연히 격려와 우정이 있어야 한다고 말하고 있어.

만일 도움을 청하는 것에, 그것도 가장 필요한 순간에 도움을 청하는 데 어려움을 겪고 있다면, 부끄러워하지 마. 우리는 도움을 구하기가 말처럼 쉽지 않은 문화에서 살고 있어. 특별한 슈퍼 히어로 이야기가 각광받는 환경 속에 있다 보면, 우리 삶이 잡지의 화려한 페이지나 텔레비전에 나오는 사람들처럼 쉽고 단순하지 않아 부끄러워지는 것도 당연해.

도움을 주고받으면 관계가 단단해지고 우리 삶이 더 나아진다는 사실을 잘 새겨 두어야 해.

다른 사람에게 도움을 받기가 다른 사람을 돕는 것보다 더 어렵다면, 비행기를 탈 때마다 듣는 이 안내 방송을 기억해 둬.

**"다른 사람을 돕기 전에
자기 앞에 내려온 산소마스크를
먼저 쓰세요."**

너의 힘을 믿어 봐

격려가 필요하든 꾸준한 지지가 필요하든, 너는 혼자가 아니야. 학교 성적을 올리고 싶어서 부모님이나 선생님에게 가르쳐 달라고 부탁하는 것부터 부족한 과목을 따라잡으려고 여름 방학 보충 수업에 관해 물어보는 것까지, 네가 성장하는 데 필요한 무언가를 얻기 위해 하는 행동은 전혀 부끄러운 일이 아니야. 이건 네가 교실 밖에서 보내는 삶에도 적용할 수 있어.

괴롭힘, 두려움, 압박감, 스트레스, 슬픔, 걱정, 자해, 식욕 또는 식습관의 큰 변화나 다른 어떤 일로 네가 힘들 때, 네 곁에 있는 사람들을 찾아봐. 친구들에게 털어놓아도 큰 위로가 되겠지만, 너에게 실질적인 도움을 줄 수 있는 믿을 만한 어른에게 조언을 구하는 일이 정말 중요해.

가장 가까운 사람들에게 도움을 구하기가 걱정스럽니? 만일 가족이나 친구, 다른 권위 있는 사람과의 관계에서 어려움을 겪고 있다면 심리 치료사나 학교 상담 선생님을 찾아가는 방법도 있어. 지역 사회나 종교 단체, 학교 같은 데 또래 멘토나 코치가 있다면 그들과 만나면서 정보를 얻거나 필요한 것을 배워 봐.

상담자를 정할 때는 부모님이나 보호자와 함께하는 편이 좋아. 혹시 그게 불편하다면, 네 상담자가 될 수도 있는 사람에게 아래 질문을 직접 하고 답을 들은 뒤에 정해 봐.

- 나와 같은 지역 사회/문화/배경/종교/나이대의 사람을 상담한 경험이 있나요?
- 부모님의 참여나 동의에 관해 어떤 법적 의무가 있나요?
- 미성년자에 대한 비밀 유지 지침은 무엇인가요?

아래 질문을 살펴보고 답을 적어 봐.

1. 그 관계(상황/도전/사람)를 나는 어떻게 느낄까?
2. 어떨 때 내가 지지받고 있다고 느낄까?
3. 나는 어떨 때 내 모습이나 기분이 괜찮다고 느낄까?
4. 변화를 위해 무엇이 필요하고, 어떤 일을 할 수 있을까?

네가 쓴 답을 너에게 손을 내밀어 줄 수 있는
부모님이나 다른 의지할 만한 어른,
믿을 만한 친구에게 보여 줘 봐.

학교 밖에서 도움을 받을 수 있는 곳

• 도움이 급한 상황이라면 24시간 운영하는 청소년 사이버 상담 센터(국번 없이 1388 또는 지역 번호+1388)에 전화하거나 문자를 보내 봐. 카카오톡이나 페이스북에 '청소년 상담 1388'을 검색해서 채팅을 할 수도 있어.

• 성폭력이나 가정 폭력은 한국 여성의 전화(02-2263-6464), 여성 긴급 전화(국번 없이 1366), 한국 성폭력 위기 센터(02-883-9284), 디지털 성범죄 피해자 지원 센터(02-735-8994)와 각 지역의 해바라기 센터(서울 02-3672-0365, 경기 북서부 031-816-1375, 대구 053-556-8117 등) 같은 다양한 기관에서 도움을 주고 있어.

• 여성의 몸과 성 건강에 대해 궁금하다면 서울시립 십 대 여성 건강 센터 '나는봄'(https://www.imbom.or.kr/) 홈페이지를 방문해 봐.

• 성적 지향, 성 정체성과 관련된 도움이 필요하면 청소년 성소수자 위기 지원 센터 '띵동'(02-924-1227)에 전화해 봐.

• 장애, 성별, 나이, 병력, 출신 국가, 인종 등으로 차별을 겪었다면 국가인권위원회 인권 상담 조정 센터(국번 없이 1331)와 상의할 수 있어.

• 정부 민원 안내 콜센터(국번 없이 110)에서는 청각 장애인을 위한 수어 상담도 제공해.

• 그리고 각 지역의 청소년 상담 복지 센터에 학교 밖 청소년을 위한 지원 프로그램이 있어.

너에게 필요한 단체가 보이지 않는다면 직접 만들 수도 있어.
너와 같은 생각을 하는 사람들이 많이 있을 거야.

너는 너답게 살면 돼

힘든 일, 못된 사람들, 친구인지 적인지 헷갈리는 사람들의 존재를 받아들이기

유령이 존재한다고 믿니? 나는 믿어. 우리가 핼러윈 때 분장하는 그런 유령을 믿는다는 소리는 아니야. 자기가 좋을 때만 나타나고 내가 도움이 필요할 때는 사라지는 친구들 얘기지. 어느 날은 친구처럼 지내다가도, 얼마 뒤에는 너를 함부로 대하는 적 같은 사람도 있고.

나의 쓰라린 우정의 첫 번째 기억은 초등학교 1학년 때로 거슬러 올라가. 나는 백인이 대부분인 반에서 몇 안 되는 흑인 학생 중 하나였어. 그래도 소외감을 느낀 적은 없었는데, 어느 날 우리 반 친구 한 명이 생일 파티에 반 아이들을 모두 초대했어. 나만 빼고 말이야. 우리는 날마다 같이 놀았기 때문에 나는 그 아이가 초대 손님 명단에 내 이름을 빠뜨렸을 뿐이라고 생각했어. 그런데 그 아이는 내가 차마 상상하지 못한 조롱을 다른 애들 앞에서 내뱉었어. "우리 엄마가 흑인을 싫어해. 엄마가 너 같은 애들은 나쁘다고 했어. 나는 이제 너랑 친구하기 싫어."

내가 그날 겪은 차별과 배신은 마음속에 흉터로 남았어. 그 뒤로 몇 년 동안은 누가 나에게 못되게 굴 때마다 그 기억이 나를 얼마나 힘들게 했는지 몰라. 나는 내 감정을 직면하고, 수치스러운 감정을 날려 보내고, 나와 같은 가치를 추구하는 사람을 만나고자 애쓰면서 나 자신의 친구가 되어야 했어.

상처를 주는 사람한테서 벗어나는 방법을 찾기는 몹시 어려워. 우리의 감정, 행동, 반응이 우리의 것이라는 사실, 우리가 다른 사람들의 관용이나 사랑을 받지 못하더라도 우리 책임이 아니라는 사실을 깨닫기까지는 시간이 걸리기 마련이야.

관계는 바뀔 수 있지만, 언제나 교훈을 남기지.

우리 엄마는 내가 새 친구를 소개할 때마다, "인생에는 어떤 목적을 띠고 만나는 친구도 있고, 한 시절 어울리는 친구도 있고, 평생 가는 친구도 있어. 그 친구는 어떤 친구인 것 같니?"라고 물어보셨어. 다른 사람들에게 뭔가를 얻고자 하기보다 내가 세상에 어떻게 보이고 싶은지에 집중하라는 조언이야.

우리는 다른 사람의 행동을 어찌할 수는 없지만, 우리가 세상 속에서 보고자 하는 행동의 표본이나 경계를 만드는 데 우리의 힘을 쏟을 수 있어. 전문가들은 우리가 목표를 이룰 때 축하해 주고 잘 지내기를 응원하고 지지하는 사람들과 우정을 맺으라고 해. 그런 친구들과의 우정에 투자하는 일은 중요해.

함께 성장할 수 있는 친구들을 만나면 스트레스가 줄어들고, 소속감을 느끼고, 자신감이 생겨.

너의 힘을 믿어 봐

네가 매일같이 만나는 사람들을 찬찬히 살펴봐. 그러고 나서 스스로에게 다음 질문을 해 봐.

1. 나는 이 사람과 함께 있을 때 기운이 나는가?
2. 대체로 나를 지지해 주는가?
3. 받은 만큼 되돌려 주려고 하는가?
4. 실수했을 때 사과하는가? 내가 실수했을 때 나를 격려해 주는가?
5. 나는 이 사람과 함께 있을 때 지치는가?
6. 자주 나를 폄하하고 비판하고 흉을 보거나 평가하는가? 이 사람을 생각할 때 부정적인 목소리가 함께 떠오르는가?
7. 내가 딴사람처럼 바뀌어야 그 사람들이 친구로 받아 줄 것 같은 느낌이 드는가?
8. 나에게 원하지 않는 것을 억지로 시키려고 하는가?

1~4번에 '그렇다'고 답했다면 너를 지지하는 사람들에게 감사 편지를 보내도 좋을 거야. 그 사람들이 너에게 어떤 영감을 주는지, 네가 그 사람들에게 어떻게 다가가는지 적어 봐.

5~8번에 '그렇다'고 답했다면 이건 건강하지 못하고 너를 갉아먹는, 개선이 필요한 관계야. 그 사람들과 무엇을 바꿔야 할지를 대화해 보는 게 나을지, 아니면 관계를 정리하는 편이 더 행복할지 생각해 봐. 어느 쪽이든 실행에 옮겼다면, 이제는 너의 열정과 너를 행복하게 해 주는 사람들과의 관계에 다시 집중할 때야.

스트레스, 불안, 괴롭힘을 겪고 있다면, 믿을 수 있는 어른에게 알리고 대처 방안과 치료법을 상담자와 의논해 봐.

선 택

너의 감을 믿어 봐

요청해 원하는 것을 얻기

너하고 안 맞아? 새로운 길을 개척해

완벽한 사람보다는 너 자신이 되어 봐

어떤 결정을 내릴 때 고생한 적이 있니? 다행히 우리에게는 뭘 해야 할지 알려 주는 나침반이 있어. 바로 우리의 직감이야. 동물이 본능에 따라 살아가듯이 인간도 직감을 활용해서 변화에 대처하고, 방향을 결정하고, 자신을 보호하고, 살아남지. 우리 안의 지피에스는 조상들이 수백 년 동안 의존해 온 내비게이션이야. 이성과 비판적 사고는 중요하고, 그에 따라 행동해야 하는 것도 맞아. 그런데 **"너의 감을 믿어 봐"**, **"네 마음 가는 대로 해"** 같은 표현이 일러 주는 직감의 힘은 너무 쉽게 무시당하곤 해.

직감이 절대 안전한 건 아니야. 편견이나 실수, 성급한 판단과 뒤섞여 혼란스러워질 수도 있어. 그렇지만 직감은 우리가 주변을 깊이 인식하고, 시간과 경험을 거치며 발전하고, 과거에 배운 것들을 통해 가치 있는 지식을 얻는 데 도움이 돼. 직감은 언어로 말을 하지는 않지만, 뇌와 배 속에 있는 신경 신호를 통해 말을 걸어 와.

우리의 본능은 내면의 목소리야. 그 목소리가 속삭이는지 크게 소리치는지 잘 살펴보는 것이 중요해. 나는 감각이 몹시 예민한 사람이라서, "느낌은 사실이 아니다"라는 식의 농담을 들으면 화가 나. 나도 논리적인 증거를 좋아하지만, 사람들은 종종 자기 몸이 말해줄 때에야 비로소 뭔가 잘못되었음을 깨닫고는 하지.

학교에서 누가 네 숙제를 베끼려는 걸 보고 배가 아팠던 적이 있니? 아니면 너나 다른 사람이 곤경에 빠질 수 있는데도 비밀에 부쳐야 하는 것이 있어 불편했던 적이 있니? 낯선 사람과 포옹해야 하는 분위기에서 그러고 싶지 않았던 적이 있니? 네 몸과 마음이 불편하다면 그건 뭔가 이상하다는 뜻이야.

**우리의 몸은 우리를 이끌어 주고,
치료하고, 스스로 보호하는 지혜가 있어.
그 지혜에 귀를 기울이고 잘 들어 봐.**

너의 힘을 믿어 봐

네가 지금 너의 안전이 걸린 상황에 놓여 있든, 어떤 결정을 고민하고 있든, 직감에 귀 기울이는 게 중요해. 이걸 많이 해 보면 직감을 통해 최선의 해결책을 얻을 수 있어.

여기 몇 가지 팁이 있어.

• 직감에 귀를 기울였거나 마음을 따라 움직였던 적이 있다면 그 경험을 세 가지 정도 써 봐.
• 직감을 따르고 싶었지만 그러지 않았던 경험을 세 가지 정도 써 봐. 어떤 교훈을 얻었는지도.
• 네가 어떤 감정을 느꼈는지 종이에 써 봐. 흥미로움이었는지, 두려움이었는지, 불안이었는지, 긴장감이었는지, 압도당한 느낌이었는지, 편안함이었는지, 만족감이었는지 이름을 붙여 봐. 언제 어디서 그랬는지도 함께 정리해 봐.

요청해 원하는 것을 얻기

나는 천생 외교관이래. 부모님이 나의 타고난 협상 능력을 보고 농담처럼 하신 말씀이야.

'협상'이라는 말이 무슨 뜻인지 모를 만큼 어릴 때부터 나는 내가 무엇을 원하는지, 그걸 얻기 위해 날 도와줄 수 있는 사람이 누군지, 다른 사람들에게 도움이 되려면 어떻게 해야 하는지를 분명히 알았어.

좋아하는 책을 더 읽으려고 부모님을 졸라서 취침 시간을 늦췄을 때나 시장에서 상인에게 값을 좀 깎을 수 있는지 흥정했을 때처럼, 무엇을 요청하고 그것이 받아들여졌을 때 나에게 그런 능력이 있다는 걸 깨달았어.

한번은 조별 활동에서 내가 과제 대부분을 맡아서 했는데, 선생님이 한 남학생보다 내 점수를 낮게 주신 것을 보고 문제를 제기해서 내 능력을 확인했어. 성적을 매길 때 노력을 공정하게 반영하면 좋겠다고 선생님에게 말했지. 초반의 어색함을 거쳐 내가 조별 활동에 얼마나 기여했는지 솔직한 대화를 나눈 끝에 성적이 고쳐졌어.

골치 아픈 일로 어른과 대립하는 것은 불편했지만, 공손하면서도 망설이지 않고 다가간 덕분에 긍정적인 변화를 얻을 수 있었어. 그리고 선생님이 누가 실제로 열심히 참여했는지 고려하지 않고, 발표할 때 제일 큰 목소리를 낸 학생에게 집중했다는 사실도 새롭게 알았어.

이 경험을 통해, 가능성의 세상은 확고한 '그래'와 '아니' 사이에 존재한다는 것을 알게 되었어. 소리 내어 말하고 묻지 않는다면, 우리는 더 많은 선택지가 있었을 가능성을 모른 채 넘어가게 될 거야. 이런 한계를 넘어야 할 때는 최선의 판단을 내려야 해. 사람들이 상처 입거나 소외되지 않기 위해 만든 규칙을 가장 존중해야 하고.

어른들은 원하는 것과 필요한 것을 직접적으로 말하는 일에 대해 서로 다른 얘기를 하지만, 나는 내가 무엇을 진짜로 원하는지 솔직히 드러냈을 때 나의 능력이 발휘된다고 느꼈어.

항상 내가 바라는 대로만 되지는 않지만, 나는 **"용감한 여자가 이긴다"**라는 뜻인 라틴어 "Qui audet adipiscitur"를 삶의 모토로 삼고 있어. 그리고 그것을 후회해 본 적은 없지.

➡ 너의 힘을 믿어 봐

뭔가 요청을 하려다 참은 적이 있니?

네가 '나대는 아이'로 찍히거나 따돌림당할까 봐 무서웠기 때문에 그랬니? 하지만 그늘 속에 숨거나 조용히 있는 것은 너의 꿈에 가까워지는 데 도움이 되지 않아. 내 경험을 바탕으로 장담할 수 있어.

이 단계를 따라 봐.

1. 너 자신을 알아야 해. 마음속에서 너의 가치를 의심하는 소리가 들리니? 그렇다면 자신감을 높이기 위해 애써 봐.
2. 이번 주에는 매일 네가 원하는 것을 요청해 봐. 사과하지 말고, 땅바닥을 보지 말고, 시선을 피하지 말고 부탁해 봐.
3. 일단 해 보자. 네가 비난받거나, 상대방이 거북하다는 내색을 보이거나, 요청이 무시당하더라도 그것이 너나 너의 요청이 문제라는 뜻은 아니야. 상대가 권력 관계의 변화에 익숙해졌거나 단순히 너의 요구를 맞춰줄 수 없기 때문일 거야. 그러니 거절당한다 해도 개인적인 문제로 받아들이지 말고, 너 자신에게 솔직했다는 것에 대한 나의 축하를 받아 주고, 교훈을 얻으면 돼.

샘 A

자미아 C+

마이크 A⁻

생활기록부

너하고 안 맞아?

열여덟 살이 되었을 때, 나는 그토록 바라던 방송 저널리즘을 공부하기 위해 대학에 들어갔어. 시엔엔(CNN) 뉴스가 화면에 번쩍일 때마다 나는 미래의 내 모습을 상상했어. 상까지 받은 글로벌 저널리스트이자, 내 어릴 적 우상인 크리스티안 아만푸어처럼 대담한 최전선 특파원의 모습을 말이야. 꼬여 있는 긴 머리와 갈색 피부만 빼면 아주 똑같았지.

그리고 충격적인 일이 일어났어. 어느 나이 든 백인 남성 교수님이 안경 너머로 나를 쭉 훑어보면서 이렇게 말했어. "네 총명함을 낭비하는 것을 보고 싶지 않다. 너는 말을 잘하고, 젊고, 미디어 분야에서 오래 활약할 거야.

다만 그 업계에서 진지해 보이려면 머리카락을 펴야 해." 그게 딱히 잘못되지 않았다는 듯, 그는 자기 주장을 증명하기 위해서 "주요 미디어 네트워크에서 너처럼 자연스러운 곱슬머리를 한 흑인 여자"를 한 명이라도 찾아보라고 덧붙였어.

그가 나를 쳐다보면서 타고난 머리 모양을, 외모를, 나 자신을 바꿔야 한다고 말했을 때, 나는 속이 마구 울렁거렸어.

나는 곱슬머리의 질감보다 내 생각과 마음이 더 중요하다는 것을 알고 있었어. 그럼에도 내 모습을 몹시 좁은

▶ 너의 힘을 믿어 봐

내 친구 캐럴린은 자신의 능력, 기술, 잠재력, 가치에 집중하기보다 부정적인 이야기를 하는 사람들에게 귀를 기울이는 친구들에게 곧잘 이렇게 말했어. **"너의 능력을 포기하지 마."**

네가 어떤 능력을 갖추고 있는지 한번 적어 봐. 언젠가 네가 박탈감을 느끼는 상황이 찾아오면, 그 능력으로 무엇을 할 수 있을지도 적어 봐.

이제 네가 쓴 것을 구체적인 계획으로 옮겨 봐. 이런 실행문을 써 봐. '이번 달에 나는 꿈을 이루기 위해 이 세 단계를 해 볼 거야.' 네가 미술에 재능이 있다면, 하루에 15분 이상 그림을 그려 봐. 너만의 구글 두들 로고를 그려서 공모전에 참가해 봐. 그리고 독창적인 디자인을 담은 인스타그램 피드를 시작해 봐(소셜 미디어를 시작하기 전에는 어른에게 먼저 확인을 받아야 해).

새로운 길을 개척해

미적 기준에 맞추지 않으면 내 목소리는 중요하지 않다는 말은 나에게 상처가 돼.

몇 년 뒤, 주요 텔레비전 방송에 출연해서 내 직업에 대한 질문을 받았을 때, 나를 미디어 운동가, 출판인, 강연자의 길로 이끌어 주신 교수님에게 고맙다고 인사했어.

우리의 대화가 처음에는 고통스럽고 부당했지만, 한편으로는 내게 가치 있는 교훈을 준 셈이야. 지금 나는 무엇을 갖추어야 하나 자문하는 대신, 움츠리지 않고 새로운 영역을 개척하기 위해 무엇을 할 수 있을지 고민해.

그 교수님이 가르쳐 준 게 하나 더 있어. 누가 나를 과소평가했다고 해서 그 사람이 옳다는 뜻은 아니라는 사실이야.

만약 그들이 너의 능력을 잘 모른다면, 그건 그들의 실수야. 네가 하고 싶은 일이라면 무엇이든 할 수 있다는 것을 스스로 아는 한, 너는 승리의 길을 걸어갈 테니까.

완벽한
사람보다는
너 자신이 되어 봐

나는 우리가 자기 모습을 생각하고, 자기 목소리를 듣고, 자기 몸을 볼 때 미디어가 어떤 영향을 미치는지를 쭉 봐 왔어. 내가 텔레비전에 나온 여자아이처럼 찰랑거리는 말총머리를 하고 싶어 하자, 부모님이 저녁 식사 때 나에게 곱슬머리를 펴지 않아도 괜찮다고 일러 주느라 애쓰셨던 기억이 나. 사우디아라비아에서 지낼 때는 왜 학교 친구들이 미국이나 유럽 연예인을 닮고 싶어 하는지, 왜 머리카락과 피부를 더 밝고 하얗게 만들려 하는지, 왜 좁디좁은 미적 기준에 자기를 구겨 넣으려 다이어트를 하는지 궁금했어. 정해진 틀에 맞춰야 한다는 압박은 너무 많은 에너지를 빼앗는 것 같았어. 그럴 힘을 즐거운 일에 쓸 수도 있을 텐데 말이야.

영화부터 잡지, 심지어 학교나 운동 경기에서까지 여자아이의 외모에 초점을 맞추는 경우가 다반사인 것을 보며 마음이 편치 않았어. 작가이자 활동가인 글로리아 스타이넘 선생님은 **"여성을 장식처럼 취급하는 미디어가 문제"**라고 가르쳐 줬어. 나는 내가 잘못된 것도, 우리가 문제인 것도 아니라는 사실을 알게 됐어. 여자아이라면 완벽해야 한다거나 여성의 모습은 이래야 한다고 생각하는 사람들의 시선에 맞춰 자신을 욱여넣도록 가르치는 사회가 문제였지.

유감스럽지만 너도 나와 같은 세상에 살고 있으니까 비슷한 강요를 마주하며 지내 왔을 거야. 모든 것을 제대로 해내야 하고, 쉽게 하는 것처럼 보이면서도 뛰어나야 하고, 몸단장에 신경 써야 하고, 언제 어디서 무엇을 하든 미소를 지어야 한다는 압박 말이야.

이제 그 모든 것과 헤어지자. 완벽한 것은 존재하지 않고, 그건 오히려 좋은 일이야. 우리는 로봇이 아니거든. 우리는 살아서 숨을 쉬며 자라나는 존재잖아. 아픔, 아름다움, 호기심, 약함과 강함 속에서 성장하지. 네 존재를 누구에게 허락받을 필요는 없어. 네가 아닌 다른 사람처럼 보이려고 애쓰지 마. 남들의 평가로 너를 정의 내리지 않아도 괜찮아. 너에게 필요한 것이 있을 때 네 요구가 무시당해서는 안 돼.

사실 우리는 모두 완전히 불완전해. 그래서 우리는 모두 다 다르고 삶이 흥미진진해.

너의 힘을 믿어 봐

친구가 어떤 사람인지, 세상 속에서 어떻게 보이는지, 네가 친구의 어떤 점을 사랑하는지 빠짐없이 말해 봐.
네가 친구에게 감사히 여기는 점이 무엇인지, 친구의 행동, 발상, 기발함 그리고 능력이 네 삶에 어떤 영향을 미치는지 친구에게 전부 말해 줘.

분명 즐거운 시간이 될 거야!

나중에 친구를 관찰한 내용을 함께 나누었을 때, 어떤 기분이 들었는지 일기에 써 봐. 너를 너 자체로 경이롭고 유일무이한 존재로 인정하는 것이 아니라 딴사람처럼 바꾸라는 외부의 압박이 있을 때, 스스로에게 지금처럼 말해 준다면 어떨지 상상해 봐.

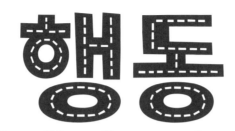

행동

어른들에게 진실을 말해
권리를 알고 실천하기

고민하지 말고 움직여
필요한 것 직접 만들기

갇혀 있니? 빠져나와!

손을 뻗어 봐 친구 사귀기

어른들에게 진실을 말해
권리를 알고 실천하기

어른들이 네 의견을 묻기보다는 네가 어떻게 생각해야 한다고 일방적으로 말할 때가 더 많다는 걸 느낀 적 있니? 정치, 정부, 권력에 대한 우리의 생각이 주변 사람들에게서 영향을 받는다는 사실을 밝혀낸 연구가 많아. 그래서 네가 너의 권리를 배우고, 최신 시사 정보를 파악하고, 무엇에서 영감을 받는지 스스로 결정하는 것이 중요해.

우리가 가족과 항상 같은 생각을 하며 살지는 않지만, 시간이 지나면서 가정 교육에 따라 우리의 정치 성향이 정해지기도 해. 부모님이 자기 생각을 따르라고 강요한다면 앞으로도 너의 신념에 영향을 줄 수 있어. 어릴 때는 거기에 반항하던 사람도 성인이 되면 어린 시절 접한 정치 성향으로 돌아가는 경우가 많아.

사람들은 대부분 **자유, 정의, 안전, 스스로 선택하는 삶**처럼 비슷한 목표를 지녔는데, 종종 그 사실을 잊은 채 논쟁을 벌이곤 해. 재미있는 점은, 사람들이 목표를 이루기 위해 떠올리는 방법이 저마다 다르다는 거야.

우리가 아끼는 사람들의 의견에 동의하지 않아도 괜찮고, 생각이 발전함에 따라 자기의 직감을 믿어도 좋아. 우리는 모두 문화와 체제의 영향을 받지만, 어떤 문제를 두고 서로 다른 해결 방안을 떠올릴 수도 있어.

기성 사회 구조는 어떤 사람에게는 이로운 반면 다른 사람에게 좌절을 안기기도 해. 그래서 너의 공동체와 그 바깥까지 영향을 미치는 법과 정책, 문화 규범을 가능한 한 많이 배우는 것이 중요해. 일단 너한테 가장 중요한 게

뭔지 안다면, 문제를 바꾸는 일에 동참할 수 있어.

학교, 사회, 정부가 어떻게 작동하는지 기초적인 정보를 갖추고 있다면, 네가 추구하는 발전을 이루는 데 보탬이 될 거야. 너와 너의 가치를 지지해 줄 방법을 찾아보기에 적당한 시기가 따로 있는 건 아니야. 언제라도 시도해 봐.

스스로 공부하고 네 목소리를 내는 일을, 부당한 취급을 받거나 불의를 목격하거나 규칙을 바꾸고 싶어질 때까지 미룰 필요는 없어.

🡒 너의 힘을 믿어 봐

여기 네가 해 볼 수 있는 활동이 몇 가지 있어.

축하해! 너는 이번 임기에 너희 나라 대표로 선출됐어. 시민들 앞에서 어떤 연설을 할지 쓰거나 녹음해 봐.

나이가 어린 사람들의 권리를 알아보려면 **유엔(UN) 아동 권리 협약**을 읽어야 해. 모의 유엔이나 학교 토론 동아리에도 참여해 봐.

시사 문제를 다양한 관점에서 파악하고 싶다면 지역 신문과 해외 신문을 정기 구독 하는 게 좋아. 인터넷 신문, 실시간 방송, 팟캐스트, 라디오 뉴스를 이용해도 되고.

학교에서 실시하는 사회, 경제, 보건 수업이나 지역 의원들과의 대화, 인터넷 검색을 통해서 너의 법적 권리를 알아봐.

너에게 잘 맞는 의견 표출 방식을 찾아봐. 블로그나 브이로그를 활용하거나, 청원서를 직접 써 보거나, 다른 사람의 청원에 서명하거나, 잡지나 문서, 포스터 같은 것을 만들 수 있어.

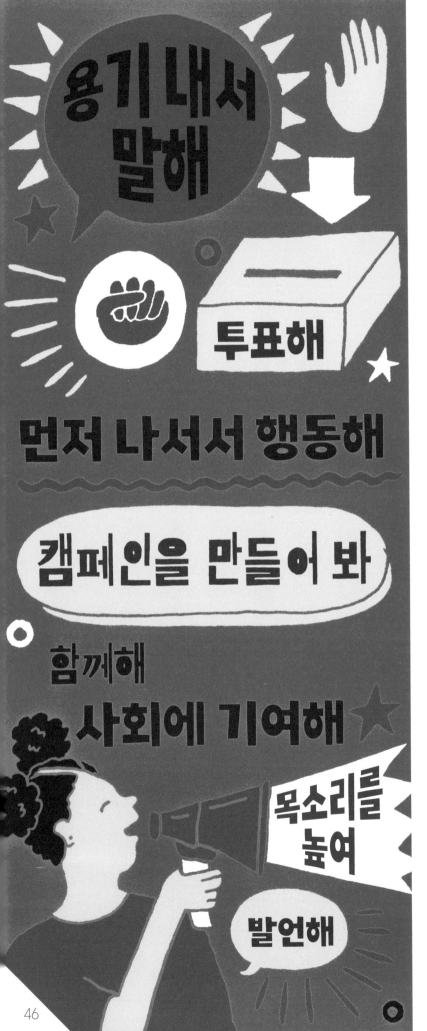

고민하지 말고 움직여

필요한 것 직접 만들기

세상의 불의의 무게가 너무 무거워서 어떻게 해야 좋을지 모르겠다고 느낀 적이 있니? 걱정 마. 조용할 일 없는 미디어와 혼란스러운 정치 풍경에 심리적으로 위축되는 것도 당연해.

문제를 마주하면 몸을 웅크려 숨고 싶기도 하겠지만, 우리에게는 언제나 당당히 맞설 힘이 있어. 1960년대에 미국 남부 외딴곳에서 자란 부모님에게 그렇게 배웠지.

우리 엄마가 중고등학생 시절 집회와 토론회에 참가했던 얘기, 특히 워싱턴에서 마틴 루서 킹과 함께 행진했던 얘기를 듣고 짜릿한 감동을 느꼈어. 나는 엄마가 학교에서 혼자 따로 앉아 점심을 먹어야 했을 때 어떤 기분이었는지, 외부의 압박과 부당한 처벌을 무릅쓰고 유권자로 등록했을 때 어떤 기분이었는지 자꾸 물어봤어.

몇 년 뒤, 놀이터에서 다른 아이들을 괴롭히는 애를 혼내주면서 내 실천의 역사가 시작됐어. 나는 열 살 때 처음으로 부모님과 함께 인종 차별주의 반대 집회에 참석했어. 몇몇 학교 친구들은 나를 '이유 있는 반항아'라고 불렀고, 나는 그에 걸맞게 살았어. 학교에서 재활용 캠페인을 개최했고, 학급 회장에 출마했고, 남아프리카 공화국의 인종 차별 정책인 아파르트헤이트에 맞서는 청원을 통과시켰어.

그리고 또 몇 년이 지나 1960년대 여성 인권 운동을 공부하던 중에, 작고한 흑인 여성 운동가 플로린스 케네디를 알게 되었지. 플로린스 케네디는 "가장 큰 잘못은 주저앉아 있는 것입니다. 고민하지 말고 움직이세요"라고 말했어. 그의 업적과 목소리는 지금도 세상의 불의에 맞서 커져 가는 저항의 물결 속에 함께 흐르고 있어.

우리 모두가 서로의 권리를 지지하는 것은 개개인에게도 이로울 수 있어. 그리고 자유롭게 발언할 기회를 얻는 것이나, 집회와 미디어에 접근하는 것은 우리 삶에서 현명한 결정을 내려야 할 때 도움이 되지.

막상 집회, 미디어, 행진 같은 데 나서고도 변화를 이끌 만한 마땅한 말이나 절대적인 최선책을 찾지 못할 수도 있어. 그러면 어쩔 줄 몰라 쩔쩔매기도 하겠지만, 우리가 스스로 해결책의 일부가 되는 것은 완벽한 사람이 되는 것보다 중요해. 왜냐고? 너랑 나, 우리가 아니면 누가 그걸 하겠어?

너와 같은 생각을 하는 사람을 주변에서 찾기 어렵더라도, 이 세상 어딘가에는 네가 마음 쓰는 것을 이해하고 너의 편이 되어 줄 사람들이 있어.

당당하게 맞서

저항해 / 편지를 써

너의 힘을 믿어 봐

대중문화는 마음과 생각을 움직이고 우리의 사고방식을 정하는 데 중요한 역할을 하지.

과거나 현재의 사회 운동 가운데 관심이 가는 것을 찾아봐. 그리고 그에 관한 활동가들의 전기와 회고록을 읽거나, 인터넷이나 도서관에서 다큐멘터리 영화를 보면서 가능한 한 많이 알아봐. 그런 다음 알게 된 내용으로 포스터나 잡지, 신문, 인포그래픽, 밈, 팟캐스트, 브이로그 같은 것을 만들어서 사람들에게 보여 줘 봐.

사회 활동을 향한 관심을 학업에 적용해 봐도 좋아. 네가 새로 안 지식을 수업 시간에 발표하면서, 그걸 현재 사회나 지역 문제에 어떻게 적용할 수 있는지도 발표해 봐. 학교, 주민 자치 센터, 교회 같은 곳에 그런 활동을 하는 모임이나 동아리가 있으면 가입을 고려해 봐. 아니면 친구들이나 마음 맞는 사람들과 새로운 캠페인을 시작해도 좋고.

갇혀 있니? 빠져나와!

만화에 나올 법한 모래 늪에 빠진 기분이 든 적 있니? 아니면 러닝머신 위를 끝없이 달리는 것 같은 기분이었던 적은? 나도 그런 적이 있어. 살다 보면 어느 순간 갇혀 있는 듯한 답답함을 느끼는 사람이 많을 거야.

우리는 때때로 스스로가 만든 벽에 부딪히기 마련이고, 더 나은 미래를 상상하기를 어려워해. 나쁜 습관이 있거나, 의욕이 없거나, 실수했다고 해서 계속 자책한다면, 그 단단한 바위처럼 판에 박힌 생활을 벗어나기 쉽지 않을 거야.

때로는 현실적인 어려움이 앞을 가로막기도 하지. 통제력을 잃을까 봐, 실망시킬까 봐, 사람들의 평가나 강요에 사로잡힐까 봐 두려워서 망설이게 돼. 그런데 어려움에 맞닥뜨렸을 때 우리의 진짜 힘을 의심하면, 그 의심이 우리가 가야 할 길을 방해해.

나는 어려움에 부닥쳤을 때 스스로를 지키는 방법을 배우기까지 몇 년이나 걸렸어. 그러니 내 얘기는 너의 시간을 아껴 줄 값진 교훈이 될 거야.

내가 정신적인 구렁텅이에 빠져서 내 능력과 통찰을 얻을 방법을 모르는 채로 헤맸을 때, 그 안에서 걷고, 기어가고, 밀고, 춤추고, 끝내 빠져나왔던 경험을 다 쓰기에 이 책은 너무 짧아. 그렇지만 내가 힘들 때 스스로에게 하는 질문 두 가지는 알려 줄게.

"자, 이제 해결책을 찾아야 한다는 것을 알았으니, 내 힘으로 무엇을 할 수 있을까?"
"나는 내 힘으로 어떤 결정을 내릴 수 있을까?"

너의 힘을 믿어 봐

슬럼프에 빠졌니?

먼저 너의 가치를 알아야 해. 너는 뭘 해서가 아니라 너라서 중요해.

자, 슬럼프, 그게 뭔지 잘 들여다보고 큰 소리로 말해 보자.

"나는 네가 누구인지 알아. 나는 너를 인정해. 그리고 다른 일들이 그랬듯 이 또한 지나갈 거야. 나는 너를 보내 주기로 결정했고, 내 힘을 쓸 거야."

이런 말을 하기 우스울 수도 있겠지만, 우리가 갇혀 있는 그 답답한 슬럼프는 우리를 괴롭히는 못된 존재고, 우리는 절대 물러서면 안 돼.

그다음에는 너의 목표에 더 가까워지기 위해 해야 할 일을 목록으로 만들고, 그것을 계획표에 적어 봐.

마지막으로 몸을 움직이고 기분 전환을 해 봐. 나는 마음이 답답할 때 트램펄린에 올라가서 뛰거나, 춤과 긍정적인 말과 무술이 섞인 운동을 하거나, 꽉 막힌 에너지를 분출하기 위해 거실에서 댄스파티를 열거나, 공원을 산책해. 글쓰기, 청소, 그림, 프랑스어 숙제, 그 밖에 미뤄 둔 일을 하기 전에 말이야.

손을 뻗어 봐
친구 사귀기

너를 이해하고 도와줄 사람들이 많았으면 좋겠다고 생각한 적이 있니? 친구와 우정을 다룬 영화나 텔레비전 방송이 넘쳐 나지만, 현실에서 의지할 수 있는 친구를 찾는 것은 말처럼 쉽지 않아. 처음부터 알고 지낸 친구가 많든, 새 학교로 전학을 가서 외로울 때든, 새로운 친구에게 마음을 열고 관계를 맺기가 쉬운 일은 아니야. 하지만 편안함에 기대지 않고 한 발 나아가면 매력 있는 사람, 너를 격려해 주는 사람을 만날 수 있어. 그러면 시야가 넓어지고 인생이 풍요로워질 거야.

새로운 사람을 사귀고 싶거나 너랑 목표가 같고 취미가 맞는 사람들과 관계를 맺고 싶다면, 손을 뻗어 봐. 이제껏 익숙하게 만나 오던 사람들을 벗어나 다른 사람들에게 마음을 열고 낯선 이와 소통하기는 두려울 수 있지만, 대개는 좋은 결과를 가져다줄 거야.

《젊고 유능한 흑인》과 이 책 《너의 힘을 믿어 봐》를 앤드리아 피핀스하고 함께 작업하면서, 손을 뻗어 다가가야 한다는 내 믿음이 더욱 확고해졌어. 몇 년 전에 우리가 서로 연락하지 않았다면, 지금도 성장을 거듭하고 있는 아름다운 동반자 관계를 놓쳤을지도 몰라.

**새로운 것을 꺼리는 폐쇄적인 무리 속에 있었다면,
거기서 벗어나 좀 더 폭넓은 관계를 맺어 봐. 그러면
새로운 기술, 새로운 문화, 새로운 생각을 만날 기회가
많아질 거야. 인정받는 느낌, 소속감, 서로 영향을
주고받는 기분을 경험할 수 있을 뿐 아니라,
너 또한 다른 사람들에게 같은 경험을 선사할
아주 좋은 방법이야.**

네가 어떤 사람인지 소개하는 게 어렵니?

지금부터 내가 예시로 드는 문장을 활용해 봐. 상대방과 눈을 맞추고 서 있거나 앉아 있으면서, 미소를 짓고 악수를 하는 동안 말이야. 칭찬은 누구나 좋아하니까, 상대방의 재능이나 특별한 재주, 관심사 같은 것을 들은 적이 있다면 주저 말고 그 이야기를 꺼내 봐.

• 안녕? 내 이름은 ○○야. 나는 ○○ 학교에 다니고, 네가 들어간 ○○ 동아리에 관심이 많아. 만나서 반가워. 너는 어떠니?
• 같이 아는 사이인 친구에게 전해 들은 이야기나 공통점이나 연결 고리가 있다면, 그걸 말해서 어색한 분위기를 깨 봐. "너에 대해 멋진 말을 많이 들었어. 친구가 네 노래 얘기를 해 주더라. 내 이름은 ○○야. 만나서 정말 반가워!"
• 자기소개가 끝나면 너의 새 친구가 무엇에 열정을 갖고 있는지 물어봐. 주의 깊게 듣고, 눈을 쳐다보면서. 다른 곳을 보거나 핸드폰을 보는 신민한 태도는 삼가노록 해. 지금 너는 상대방과 공통점을 찾아가는 중이니까 말이야.
• 몸짓이나 비언어적인 단서를 잘 살펴봐. 사람들은 몸으로 많은 이야기를 주고받아. 혹시 어떤 사람이 너와 거리를 두고 서 있으려고 하거나, 안거나 손길이 닿을 때 불편해한다면, 기분 나빠 하지 말고 그 사람의 영역을 존중해 줘.
• 너의 개인적인 이야기를 하는 것을 연습해 봐. 그러면 새로운 사람들과 어울릴 준비는 끝났어. 리더십 전문가 마셜 간츠가 제안한 '내 이야기, 우리 이야기, 지금 이야기' 형식은 내 가치와 열정을 반영하는 삶의 이야기를 만드는 데 도움이 되었어. 네가 너의 이야기를 하면 새로운 친구들도 자기 이야기를 할 거야.

1. '내 이야기'가 준비되어 있으면 네가 어떤 사람인지 소개할 때 도움이 돼. 네가 어떤 예술가인지, 어떤 신념을 따르는 사람인지, 어떤 학생인지, 어떤 봉사자인지, 어떤 운동선수인지 말이야.
2. '우리 이야기'는 너나 너의 열정이 학교나 지역 사회나 세계에서 네가 노력하고 있는 것과 어떻게 관련이 있는지 이야기하는 거야.
3. '지금 이야기'는 새로운 친구에게 네가 지금 무엇에 열정을 쏟고 있는지 설명하고, 그 친구도 함께할 수 있는 방법을 말해 보는 거야.

멋진 새 친구를 찾아 봐.

• 소녀들에게 힘을 싣는 단체에 가입해. 걸스카우트 같은 단체는 어린 여성이 기량을 갖추고, 문화 활동과 교육 활동에 참여하고, 협동하고, 남들을 이끌 기회를 제공하거든.
• 여름 캠프에 가 봐. 캠프는 새 친구를 사귀기 좋은 기회야. 만일 서로 멀리 산다면 에스엔에스(SNS) 친구가 될 수도 있고. 캠프에 가면 모두가 새로운 환경에서 새로운 모험을 하기 때문에, 더 쉽게 동질감을 느끼고 가까워질 수 있을 거야.
• 너의 관심사를 따라가. 너와 비슷한 관심사를 지닌 사람을 찾기 위해 음악 동아리, 스포츠 클럽에 가 봐.
• 만약 비용이 문제라면, 장학금을 지원하는 캠프가 있을 테니 찾아봐. 자선 단체의 후원으로 참가비가 면제되는 곳도 있을 거야. 학교 선생님에게 더 많은 정보를 물어봐.
• 캠프가 끝난 뒤에도 연락을 하면서 지내. 네가 견학이나 현장 체험 학습에서 새로운 친구를 사귀었다면, 그 애들에게 네가 새 친구를 만나 즐거웠다는 것을 알려 주고, 나중에 꼭 연락하겠다고 해.

자기 관리

너에게 친절히 대해 줘

몸이 하는 말에 귀를 기울여

질병과 마주해 봐

교훈을 찾아 걱정, 실패, 실망에서

빠져나오기

타 버리지 말고 밝게 빛나

너에게
친절히 대해 줘

가끔은 너를 사랑하는 사람들이 너보다 너를 더 정확하게 꿰뚫어 봐.
이건 그들이 너의 정곡을 찌르는 말을 할 수 있다는 뜻이기도 해.

어느 날 내가 힘든 시기를 보내고 있다고 했을 때, 내 친구 캐슬린이 한 얘기처럼 내 심장을 욱신거리게 한 말은 별로 없을 거야.

내가 당시 느꼈던 스트레스를 화산이 폭발하듯 쏟아 내자 캐슬린이 이렇게 말했어. "와. 너, 자기한테 너무 가혹하게 말하는 거 아냐? 넌 모두에게 친절한데 막상 너한테는 그렇지 않네. 좀 쉬어. 그렇게까지 힘들게 살 필요 없어." 익숙한 말이지?

그때, 캐슬린이 말한 진실의 힘에 깜짝 놀랐어. 하지만 그 애의 충고를 듣고 심호흡을 했지. 나는 친구가 나를 그렇게 정확하게 봐서 부끄러웠고, 내가 어떤 사람인지 다 까발려진 것 같아 화도 났어. 그리고 동시에 그 애 말이 옳다는 것을 깨달았지.

나는 상상 속에나 존재하는 용처럼 비현실적인 기대를 스스로에게 품고, 거기에 나를 맞추려고 고군분투했던 것 같아. 캐슬린의 말을 듣고 나서야 내가 그동안 다른 사람들만 돌보고 정작 내 몸과 마음은 살피지 못했다는 것을 깨달았어. 평생 장애를 안고 살아온 사람으로서 '정상'이 되기 위해 나를 몰아붙이는 바람에, 누구에게나 자기를 돌볼 권리가 있다는 사실을 놓치고 있었지.

캐슬린과 대화를 나누고 몇 시간 동안 내 생각을 적어 봤어. 이야기를 마친 뒤 내가 비난받은 듯한 기분에 마음속이 소용돌이쳤고, 내 주변 사람들뿐 아니라 나조차 관리하지 못하다니 무엇인가 잘못되었다는 부끄러움, 슬픔, 두려움이 차올랐어.

때로 가장 가혹한 비판은 자기 머릿속에 있어. 나는 이

런 식으로 스스로를 비판하는 사고방식이 캐슬린이 했던 얘기와 맞아떨어진다는 것을 깨달았어. 캐슬린의 말이 다치거나 버림받을까 두려웠던 내 마음을 정곡으로 찔렀다는 것을 인정해야 했지. 예전에 괴롭힘당했던 경험, 차별을 마주했던 경험에서 비롯한 두려움이었어. 우리는 모두 자기를 향한 의심과 마주칠 때가 있어. 하지만 내 안에서 벌이는 부정적인 생각과의 싸움을 다른 사람의 말로 듣는 일은 정말 고통스럽지.

일단 혼자서 고요하게 시간을 보내 보니, 나 자신에게 불친절한 태도를 언제 어디서 배웠는지 깨달았어. 그제야 현실을 직시할 수 있었고, 가장 믿음직스럽고 오래된 친구인 나 자신과의 관계를 바꾸기 위해 한 걸음 내딛기 시작했어.

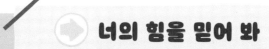

너의 힘을 믿어 봐

너도 나처럼 고집이 세다면, 자신에게 더 친절해지는 것이 왜 사랑하는 사람들에게도 도움이 되는지 알아 두는 편이 좋아. 비행기를 타 본 적이 있다면, 비상 상황에서 다른 사람을 돕기 전에 자기 앞에 내려온 산소마스크부터 쓰라는 안내 방송을 들었을 거야. 나는 몸의 통증이나 마음속 불안을 알아차릴 때, 감정에 사로잡힐 때 그 말을 자주 떠올려.

날마다 **감사했던 일**을 기록해 봐. 다른 사람을 대할 때처럼 친절과 사랑으로 너를 대하는 데 도움이 될 거야. 나는 자기 전에 그날 감사한 것과 감사한 사람을 모두 적어.

다음 날 아침에 일어나면 하루를 여는 긍정적인 말을 적어. 내가 쓴 말 중에 이런 것이 있어. "나는 어제를 벗어났고, 오늘을 받아들여. 나는 부족하지 않아. 그리고 나는 능력이 있어." 너는 뭐라고 쓸래?

몸이 하는 말에 귀를 기울여

너는 가장 오래되고 믿음직한 친구인 네 몸을 신뢰하니? 몸은 평생 우리를 치유하고, 보호하고, 움직이게 해. 하지만 우리는 몸 안에서 무슨 일이 일어나는지 항상 점검하고 집중하지는 않지.

몸이 보내는 메시지에 귀를 기울여서 뭐가 필요한지 잘 들어야 해. 그러면 문제가 일어나기 전에 위험 요인을 정확하게 파악하고 해결할 수 있어. 그다음에는 무엇이 우리를 기분 좋게 하는지 찾아내서 우리 몸이 더 나아지게 할 수 있지.

직감을 통해 힌트를 주든 불편함이나 고통으로 강력히 표현하든, 몸은 매일 우리를 위해 그리고 우리와 함께 일해. 우리는 빠르게 돌아가는 세상에서 바삐 움직이기 때문에, 어딘가 잘못되기 전까지는 몸이 우리에게 해 주는 모든 걸 잊어버린 채 지낼 수도 있어. 그러나 몸은 최종 결정을 내릴 권한이 언제나 자기에게 있다는 사실을 깨우쳐 줘.

평생 온갖 고질병과 씨름해 온 사람으로서, 나는 몸이 주는 힌트를 진지하게 받아들이는 법을 배웠어. 어딘가 고장 났다고 느낄 때는 몸의 신호를 관찰해야 해. 그래야 음식, 수면, 휴식, 물, 신선한 공기 또는 나에게 필요한 다른 무언가를 몸한테 줄 수 있어. 요가 같은 운동이 나를 평온하게 진정시켜 준다면, 내 몸이 이완과 스트레칭에 긍정적으로 반응한다는 뜻이야.

**우리는 체형, 키, 피부색, 생김새가 모두 달라도
저마다 자기 몸의 목소리를 이해할 줄 알고,
움직임, 안정, 스트레칭 또는 다른 필요한
활동을 해서 몸을 이롭게 하지.**

잘 먹기

명상

일기 쓰기

물 마시기

운동

· **너의 몸을 점검해.** 하루 종일 네 몸에 집중해 봐. 등, 관절, 배 속에서 어떤 느낌이 드는지 의식해 봐. 꽉 조이는 것 같니? 아니면 편안하니? 특정한 장소나 상황에서, 아니면 특정한 사람과 함께 있을 때 이런 증상이 나타나니? 그렇다면 믿을 만한 어른과 이야기해서 치료를 의논해 봐.

· **날마다 시동을 걸어.** 아침에 일어날 때 작은 충격 요법이 필요하니? 기운을 차리고 긴장을 풀기 위해 팔 벌려 뛰기를 열 번 하거나 미니 트램펄린에서 뛰어 봐. 나는 글 쓰는 작업을 시작하거나 창의력을 끌어 올려야 할 때마다 이렇게 해.

· **계속 숨을 쉬어.** 앞으로는 긴장하거나, 불편하거나, 피곤하거나, 초조할 때마다 코로 숨을 깊이 들이마셔 봐. 그런 다음 오른쪽 콧구멍을 막고 왼쪽 콧구멍으로 숨을 내쉬어 봐. 그리고 왼쪽 콧구멍으로 들이마신 다음에 왼쪽을 막고 오른쪽 콧구멍으로 숨을 내쉬어. 이제 순서를 바꿔서 해 봐. 바보같이 보일까 봐 걱정되면 혼자 있을 때 해 봐. 이건 요가에서 하는 호흡법이야.

· **내려놔.** 바쁜 하루를 보낸 뒤 쓰러져 있고 싶다면, 한적한 공간에 납작 엎드려 봐. 그리고 눈을 감아 봐. 마음의 짐이나 스트레스나 걱정거리를 밑바닥으로 풀어 놓는 장면을 떠올려 봐. 지구에 더 가까이, 척추 하나하나가 맞닿는 느낌으로 더 평온해질 때까지 가라앉는다고 상상해 봐. 모든 스트레스가 녹아내리고 씨앗이 되어 땅에 떨어져서 새로운 에너지로 피어나는 모습을 머릿속에 그려 봐.

· **잠을 자.** 지치고 온종일 피곤하다면, 같은 시간에 자고 같은 시간에 일어나는 연습을 해 봐. 밤새 푹 자기 어렵다면, 너를 전문의에게 데려가 도움을 줄 만한 어른과 의논해 봐.

· **에너지를 유지해.** 아침은 꼭 챙겨 먹어. 그래야 일과 중에 쓰러지지 않고 다닐 수 있으니까. 움직임이 둔하거나 무기력하다고 느낄 때는 영양 상태를 유지하기 위해 단백질이 풍부한 간식을 먹고 물을 마셔야 해.

· **바로바로 말해.** 몸이 안 좋거나 어딘가 불편하거나 아프다면, 믿을 수 있는 어른과 함께 전문의에게 찾아가. 예방하는 게 가장 먼저고, 나중에라도 가능한 한 일찍 도움을 받도록 해.

질병과 마주해 봐

너도 나처럼 만성적인 질병을 앓고 있니? 나는 내 몸이 민감하고 각별한 관리가 필요하다는 사실을 몇 년에 걸쳐 천천히 받아들였어. 내 몸이 남들과 다르다고 괴로워하는 대신, 내 인생에서 가장 중요한 것에 대한 감각을 어떻게 확장시키는지에 집중했어.

나는 어쩔 수 없었던 일들에 수년간 죄책감을 느끼고 난 뒤에야 몸이 내 영혼의 진정한 스승이라는 것을 받아들였어. 이 결점투성이 선생님은 통증이 전하는 말을 듣게 하고, 물을 마시게 하고, 잠을 자는 것을 소중히 여기게 하지. 모두 내 몸에 필요한 최소한의 활동이기 때문이야.

나에게 받아들인다는 것은 포기하지 않는다는 거야. 어떤 종류든 병을 앓는 일은 결코 쉽거나 재미있다고 할 수 없어. 하지만 주치의나 보호자와 협력해서 꾸준히 치료받고 대처법을 개발하는 것은 점점 더 잘하게 될 거야. 나는 의사나 간호사는 아니지만, 네 몸이 계획을 방해할 때 겪는 약하다는 느낌이나 좌절감이 뭔지 잘 알아.

지쳐 있거나 아픈 상태가 네가 어떤 사람인지를 말해 주지는 않아. 때때로 그렇게 느낄 수도 있지만 말이야. 우리의 경험 가운데 병은 일부일 뿐이고 그것은 절대로 너의 잘못이 아니야. 지금 막 어떤 병을 진단받았다면 불편하고 무섭고 낙심할 수 있어. 북받치는 감정을 추스르거나 너의 상황을 얘기하기 전에 생각할 시간이 필요한 것은 지극히 당연해.

건강하기는 정말 어려운 일이야. 건강할 때는 그게 얼마나 어려운지 이해하기가 쉽지 않지. 나는 아픈 사람들이 침대 밖으로 나오고, 일정을 소화하고, 일상을 이어가고, 무언가를 만들어 내는 데 들이는 노력을 무척 존중해. 무엇보다 네 몸을 치유할 시간과 공간을 확보하는 일이 가장 중요하다는 것도 잘 알고 있어.

갑작스러운 증상, 병에 압도당하는 기분, 몸을 관리하는 번거로움, 병원에 가는 스트레스 같은 것을 극복하는 데 도움이 되었던 방법을 알려 줄게.

• **건강 일지를 써.** 아침저녁으로 날씨, 수면 패턴, 스트레스 수준, 식사와 물 섭취량에 따라 네 상태가 어떤지 써 봐. 만약 통증이 느껴진다면 아침에 일어날 때와 밤에 자러 갈 때 어느 정도 불편한지 기록해 봐. 주말에는 어떤 게 도움이 됐는지 또는 뭐가 도움이 되지 않았는지 적어 봐.

• **너 자신을 믿어.** 의사를 비롯한 치료자들은 치료 과정에서 중요한 협력자야. 그렇지만 여느 사람들처럼 의사도 늘 완벽하지는 않아. 네 몸의 주인은 너야. 너는 네 몸이 어떤지 누구보다 잘 알아. 만약 어떤 의사나 간호사, 건강 전문가가 네 고통에 대해 "모두 네 머릿속에서 만들어 낸 거야"라고 한다면, 믿을 만한 어른에게 말해서 다른 전문가의 의견을 구하도록 해. 궁금한 게 있으면 무엇이든 물어보는 연습도 미리 해 봐.

• **사랑하는 사람들에게 알려 줘.** 끔찍한 고통을 느낄 때 주변 사람들이 뭘 해 줘야 할지 모르는 경우가 있어. 가족이나 절친한 친구들에게 너를 도울 방법을 알려 주는 시간을 마련해야 해. 친구에게 네가 놓친 숙제를 가져다 달라고 부탁하거나, 부모님이 네게 시간적인 여유, 화장실 가는 시간, 교내에서 이용할 수 있는 편의 시설 같은 것이 필요하다는 이야기를 선생님과 나눈다고 해서 부끄러워할 필요는 없어.

• **어디에 있든 파티에 참석해.** 어떤 행사나 활동에 함께할 수 없다면, '하면 더 재미있다'는 것을 상기하고 친구들에게 영상 통화를 걸어서 멀리서라도 참여해 봐. 직접 가지 못해서 속상하다면 긍정적인 면을 생각해. 너는 회복하는 동안 낮잠을 자고, 잠옷 차림으로 지내고, 비디오 게임을 하고, 텔레비전을 계속 보고, 반려동물을 껴안고, 공상에 빠질 시간이 있는 거야.

• **누군가를 위해 함께해.** 네가 사랑하는 사람이 아프다면, 어떻게 도와줄 수 있는지 묻고 이렇게 말해 줘. "나는 너를 위해 여기에 있어. 내가 너를 도우려면 무엇을 할 수 있을까?" 때로는 너무 지쳐서 뭐가 필요한지 생각할 기운도 없을 수 있어. 그러면 음식을 가져다주고, 심부름하고, 텔레비전을 같이 보거나, 아니면 그저 얘기를 잘 들어 줘.

• **능동적으로 대처해.** 아파서 결석이나 지각을 해야 한다면, 필기나 숙제, 수업 진도를 위해 선생님과 상의해서 계획을 짜야 해. 증상이 나타나는 원인을 알고 있다면 도움이 될 만한 행동을 하는 편이 좋아. 큰 시험이나 발표, 운동 경기 같은 것을 앞두었을 때는 일찍 자고, 소화가 잘 되는 음식을 먹고, 밤에 편안하게 목욕을 한다든지 말이야.

• **너 자신을 잘 대해 줘.** 아파서 집을 멀리 떠나 있어야 할 때는, 너를 편안하게 해 주는 것들을 챙겨서 가도록 해.

• **사과하는 대신 부드럽게 선을 그어.** 만약 특별한 요구를 해야 한다면, 너와 너를 보살피는 사람들 말고 누구도 신경 쓸 필요 없어. 네가 알레르기를 고려한 점심 식사, 휠체어에 맞는 책상, 오디오 북이나 수업 필기를 위한 녹음기가 필요한 이유를 다른 사람에게 설명해 줄 수는 있겠지만, 그걸 설명할지 말지는 너의 선택이야. 이렇게 말하는 법을 연습해 봐. "이건 내 사적인 일이라서. 그렇지만 관심 가져 줘서 고마워."

• **그냥 흘려보내.** 나는 친구 앞에서 교실 바닥에 토한 적이 있는데, 그때 얼마나 당황스러웠는지 몰라. 그런데 학교로 돌아갔을 때, 거의 모든 사람이 나를 걱정했고 내가 괜찮은지 궁금해한다는 것을 알았어. 너 스스로에게 너그러워질 필요가 있어. 누구나 아플 수 있다는 것을 기억하고, 이미 아픈 사람들이 있다는 것을 알아야 해. 사람들은 비욘세가 새 앨범을 내도, 어떤 다른 큰일이 일어나도 금세 잊어버려.

• **희망을 품어.** 믿음직한 어른과 함께라면, 일상에서 너를 돌보는 효과적인 방법을 찾을 수 있을 거야. 네가 지쳐 있을 때 도움이 되는 작은 것들을 찾아봐. 차 한 잔, 따뜻한 담요, 뜨거운 물을 담은 보온병 같은 게 도움이 될지도 몰라.

교훈을 찾아 걱정, 실패, 실망에서 빠져나오기

슬럼프가 휩쓸고 간 뒤에 희망을 찾으려고 애써 본 적이 있니? 상처, 고통, 슬픔이 다가올 때, 나는 내가 사계절 내내 들판에 서 있는 나무라고 상상해.

맑은 날, 세찬 바람, 겨울 한파, 부러진 가지같이 나무에 영향을 미칠 수 있는 어떤 요소를 생각하다 보면, 나무는 날씨가 어떻든 변함없이 나무라는 사실을 깨닫게 돼. 나무의 열매가 떨어질 때, 나는 씨앗이 땅으로 돌아가 시간이 지나고 영양분을 섭취하여 싹을 틔우는 모습을 상상해.

이런 상상을 하면 작가이자 활동가인 글레넌 도일의 신조, **'고통이 있으면 발전이 있다'**라는 말을 처음 들은 순간이 떠올라. 나는 상처 입은 마음을 돌봐야 했을 때 글레넌을 알게 되었어. 그의 말은 나를 위로해 주면서도 움직이게 하는 강력한 외침이었고, 우리에게 상상 속 나무와 같은 회복력이 있다는 것을 일깨워 주었어.

살다 보면 언젠가는 우리의 통제 안에 있거나 그 밖에 있는 요소 때문에 날씨가 거세지기도 해. 그렇지만 우리에게는 어려움을 정면으로 마주할 능력, 상처받았을 때 자신을 돌볼 능력, 변화무쌍한 바람이 우리의 튼튼한 나뭇가지에서 잎사귀를 떨어뜨릴 때 힘과 지혜를 얻을 능력이 있어.

우리가 난관에 부딪혔을 때 문제를 직면하고, 이겨 내고, 거기서 얻은 교훈을 성장의 밑거름으로 삼는다면 어려움을 극복하는 데 도움이 될 거야. 실망과 슬픔을 인정하는 것은 우리 인생에서 고통의 페이지를 넘겨 다음 장을 시작할 때 도움이 돼.

어떤 장애물을 인식하고 그것이 우리에게 영향을 준다는 사실을 받아들인다고 해서 우리가 규정되어 버리거나 새로운 미래의 기회를 잃지는 않아. 오히려 우리의 경험과 그 경험이 미치는 영향이 우리 것이라는 뜻이 돼. 우리가 스스로 어떤 사람인지 알고, 어떤 사람이 되고 싶은지 결정하고 있다는 뜻이기도 하고.

네가 극복한 큰 장애물을 떠올려 봐. 그리고 어려운 시기에 너에 대해 알게 된 세 가지를 적어 봐. 집이나 학교, 소중한 사람들이 함께하는 곳에서 너는 어떤 모습이었니? 너의 처지가 지금 같았다면 뭔가 달라졌을까? 그 시간 동안 너의 몸은 어땠니? 나중에 어려움에 처할 때 너 자신을 돌볼 방법을 배웠니?

네 살의 네가 지금보다 나이 든 너에게 잘못을 저질렀다며 속상하다고 말하는 광경을 상상해 봐. 네가 뭐라고 할지 크게 말해 봐. 어조는 어떤지, 어떤 단어를 사용하는지 봐. 그리고 스스로에게 그런 친절함과 이해심을 담아 말한다면 어떨지 생각해 봐.

간절하지만 아주 이상적이지는 않은 일이 있다면 거절하는 편이 나을 때도 있어. 네가 정말 원했지만 잘 풀리지 않았던 일을 떠올려 봐. 네 앞에서 문 하나가 닫혀서 오히려 좋은 결과를 얻었던 적은 없니?

타 버리지 말고
밝게 빛나

하루 안에 모든 걸 끝내기에는 시간이 부족하다고 느낀 적이 있니? 만약 그렇다면, 너의 우선순위를 살펴보고 시간을 최대한 잘 활용하는 방법을 결정할 때야. 우리는 빠른 속도와 성취를 지향하는 문화 속에서 살며, 모든 순간에 성공을 추구하라는 압박을 받고 있어. 교실부터 운동장까지 모든 곳에서 자기 계발이나 행복에 초점을 맞추기보다는 성적에 더 가치를 두라고 배우지.

나는 학교 공부, 발레 수업, 체조 연습, 음악 수업, 걸 스카우트, 수영 팀 그리고 온갖 다른 할 일로 넘쳐 나는 한 주를 보내고 나면, 곧잘 내 몸이 납작하게 퍼져 버리는 느낌이 들었어. 다양한 활동을 하면 즐겁기는 했지만, 긴장을 풀고 활력을 되찾고 나에게 가장 영감을 주는 관심사나 활동에 집중하는 데 더 많은 시간을 보내고 싶었어.

최고가 되는 건 인간으로서의 성장에 의미가 있지만, 우리 본연의 가치가 업적이나 수상 경력으로 판단되어서는 안 된다는 사실을 기억해야 해. 우리는 지금도 충분하고 앞으로도 늘 그럴 것이라는 기본적인 이해에서부터 출발해 보자. 그러면 우리 안의 에너지를 보호하고, 시간을 신중하게 사용하고, 우리가 무너지지 않고 성장할 수 있게 돕는 결정을 내리기가 더 수월해져.

"모든 사람의 인생은 촛불과 같아요."
내 중국인 주치의 제니퍼가 이렇게 말한 적이 있어.
"어떤 사람은 매우 긴 초를 가지고 태어나서
신경 쓰지 않고 놔둬도 오랫동안 알아서 잘 타는데,
어떤 사람은 작은 초를 가지고 태어나서 보살핌을
받아야 촛불이 더 오래갈 수 있어요. 아마 당신은
작은 초를 가지고 있을 거예요. 알레르기와
만성 질환 때문에요. 그렇지만 어떻게 자신을
보호해서 자신의 촛불을 빛나게 할지는
당신에게 달려 있어요."

너의 힘을 믿어 봐

정신적, 신체적으로 탈진했다는 낌새가 보이니? 이런 방법을 시도해 봐.

- **징후를 살펴.** 수면 패턴, 식욕, 에너지 수준, 기분, 피로도에 변화가 나타난다면 네가 지금 멈출 필요가 있고, 너에게 가장 중요한 게 뭔지 돌아보고, 회복하는 데 시간을 쓸 때라는 뜻이야. 너나 친구에게서 이런 증상이 보인다면, 신뢰할 만한 어른에게 도움을 구해.

- **너로 존재해.** 어떤 사람은 많은 이들에 둘러싸여서, 또는 하루를 수많은 약속으로 채움으로써 에너지를 얻어. 반면에 어떤 사람은 혼자서 깊이 생각하고 회복하고 에너지를 보충할 시간이 있어야 하지. 내성적이든 외향적이든 그 중간이든 모두 완벽하게 정상이야. 다만 가장 진실하고 현명한 너 자신이 되기 위해서는 너에게 무엇이 필요한지 아는 것이 제일 중요해.

- **시간을 소중히 해.** 매주 계획표나 빈 종이에 일정을 적어 봐. 하루 한 시간을 '나를 돌보는 시간'으로 잡아서 몸과 마음을 풍요롭게 하거나 네게 즐거움을 안겨 주는 일을 해 봐. 이 시간을 어떻게 사용할지는 너에게 달려 있어. 하지만 나는 네가 전자 기기 없이 글을 쓰고, 쉬고, 운동하고, 걷고, 작품을 만들 평화로운 시간을 정해서 자유를 즐기기를 바라.

- **소리 높여 말해.** 너의 가치에 대해 누구에게 어떤 것도 증명할 필요가 없어. 너는 이미 제자리에 잘 있어. 너는 너로서 인정받아 마땅하고, 다른 것들은 모두 부수적일 뿐이야. 너의 불완전함을 부끄러워하지 말고, 도움을 요청하고, 지원을 요구해. 이번 주에는 너에게 필요한 걸 미안하다는 말 없이 친절하게 요청하는 법을 연습해 봐. 부탁할 내용을 미리 간단히 적어 봐도 도움이 될 거야.

저는 사람의 마음 건강을 위해 일하는 임상심리학자입니다. 십 대 딸을 키우는 엄마이자, 여자 대학교에서 여대생들에게 심리학을 가르치는 선생이기도 하고요. 한때는 엄마가 아닌 임상심리학자이기만 했고, 어느 때는 딸이 어렸거나, 선생이 아니었습니다. 그러니 저는 지금 임상심리학자, 십 대 딸의 엄마, 여대 교수라는 세 가지 정체성의 조합이 참 공교로운 행운으로 느껴집니다. 그게 바로 이 놀라운 책을 만나게 된 이유이기 때문입니다.

기성세대로 불리는 나이에, 학자로서 엄격한 잣대를 장착하고, 한 전문 분야의 교육을 책임지는 선생 노릇까지 하고 있으니, 이제 저는 제 딸이나 학생들에게 어떤 얘기를 전달하고 싶을 때 더하기보다는 덜어내기 바쁩니다. 가뜩이나 사춘기 딸에게는 하고픈 얘기를 하려면 눈치부터 봐야 하니, 말을 고르다가 성질이 나기 일쑤고요.

이 책이 우리말로 출판되어 다행입니다. 남자아이들한테 외모를 평가당해서 속상해하고 다이어트로 늘 스트레스받는 딸을 보며 걱정이 앞설 때, 입시만 준비하다가 갑자기 성인기에 들어서 혼란스러운 학생들의 눈빛 앞에 마음이 울렁거릴 때, 저의 염려와 응원을 무겁지 않게 건네줄 수 있게 되었으니까요.

책을 번역하는 내내 벅차고 행복했습니다. 때로는 친구처럼, 때로는 언니처럼 마음을 다해 '나로 살아가는 방법'을 이야기해 주는 자미아 윌슨은, 저에게도 소중한 친구이자 좋은 언니였어요. 책 속의 내밀한 고백, 사려 깊은 조언, 함께하자는 다짐에 큰 위로와 격려를 받았죠.

그러고 보니 이 책은 언뜻 보면 십 대 여자아이들을 위한 것 같지만, 실은 '나로 살아가기' 위해 고군분투하는 모든 이에게 전하는 메시지예요. 완벽하려고 애쓰지 말고 그저 온전한 내 모습으로, 다른 사람들의 기준이나 규칙이 아닌 나만의 기준과 규칙을 만들어 가며, 어딘가에 의지하기보다 내가 지닌 고유의 힘을 찾아 그 힘으로 살아가라고 등을 떠밀어 주지요. 그리고 그 과정에서 주변을 돌아보며 함께할 친구들을 찾으라고, 기꺼이 그들의 손을 잡고 서로 밀어 주고 끌어 주며 함께 가라고요.

늘 좋은 책을 만들어 주시는 봄볕 출판사, 책을 소개하고 맡겨 주신 박찬석 편집장님께 감사드립니다. 그리고 중년의 심리학자가 번역한 글에서 '요즘 애들'이 잘 쓰지 않는 표현을 골라서 고쳐 준 최윤아 님에게 특별한 감사와 사랑을 전합니다. 오글거린다고 질색하겠지만요.

박혜연

사람의 마음을 과학자의 자세로 탐구하는 심리학자이자 사람 사는 이야기를 좋아하는 심리상담가입니다. 고려대학교 심리학과를 졸업한 뒤 같은 대학에서 임상 및 상담심리 전공으로 석사 학위를, 서울대학교에서 임상신경심리 전공으로 박사 학위를 받았습니다. 현재 동덕여자대학교 교양대학 교수로 청년들에게 심리학을 가르치고 있으며, 유연심리상담소×심리콘텐츠랩의 자문 교수로서 사람들의 마음 건강을 살피는 일을 하고 있습니다.

봄볕생각 005

너의 힘을 믿어 봐

초판 1쇄 발행 2023년 6월 27일

지은이 자미아 윌슨
그린이 앤드리아 피핀스
옮긴이 박혜연

펴낸이 권은수 **펴낸곳** 도서출판 봄볕
만듦 박찬석, 장하린 **꾸밈** 윤현이 **가꿈** 성진숙 **알림** 강신현 **살림** 권은수
함께 만든 곳 피오디 북, 가람페이퍼

등록 2015년 4월 23일 제25100-2015-000031호
주소 서울특별시 서대문구 서소문로 37 1406호(합동, 충정로대우디오빌)
전화 02-6375-1849 **팩스** 02-6499-1849
전자우편 springsunshine@naver.com **블로그** http://blog.naver.com/springsunshine
스마트스토어 https://smartstore.naver.com/shinybook
인스타그램 @springsunshine0423
ISBN 979-11-93150-00-9 43330

· 책값은 뒤표지에 있습니다.
· 봄볕은 올마이키즈와 함께 어린이를 후원합니다.
· 이 책은 콩기름을 이용한 친환경 방식으로 인쇄했습니다.
· KC마크는 이 제품이 공통안전기준에 적합함을 의미합니다.